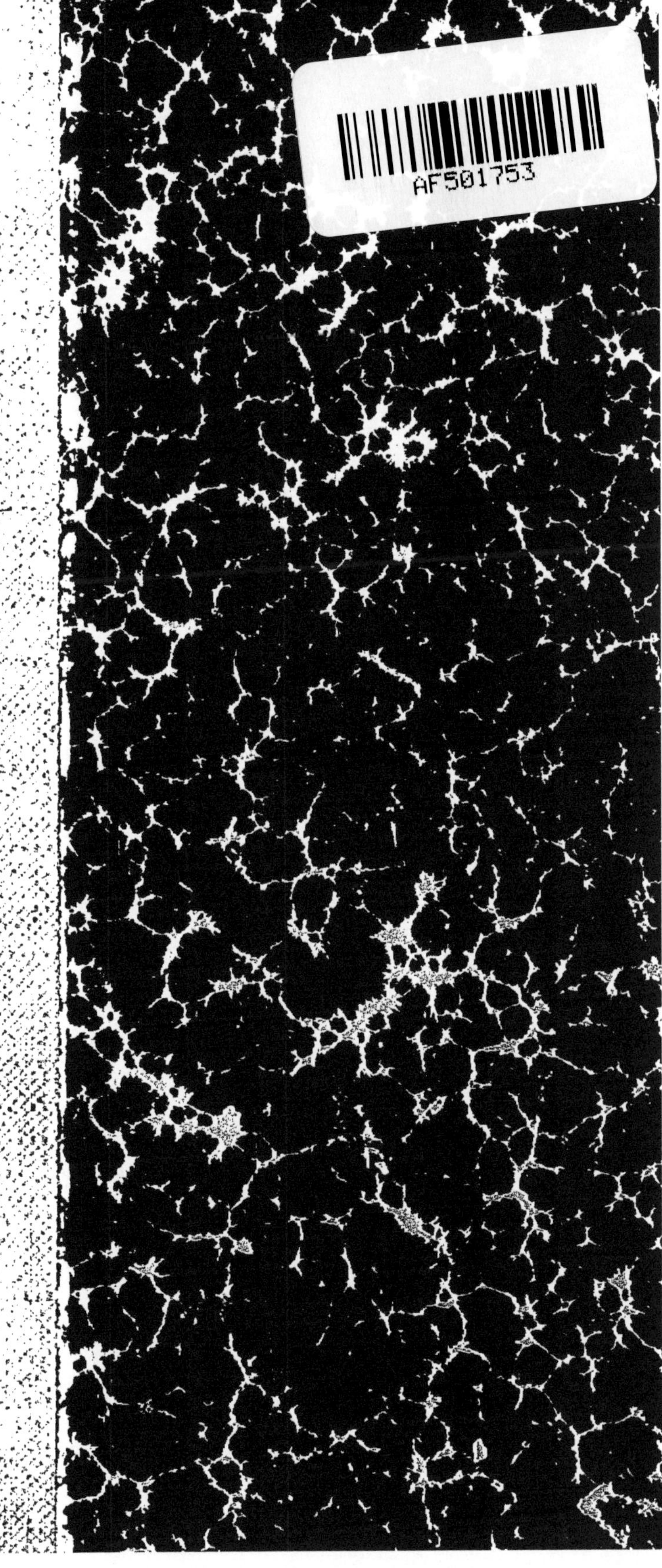
AF501753

MAURICE DE LA SIZERANNE

LES AVEUGLES

PAR UN AVEUGLE

AVEC UNE PRÉFACE

DE

M. LE COMTE D'HAUSSONVILLE

DE L'ACADÉMIE FRANÇAISE

Ouvrage couronné par l'Académie française

CINQUIÈME ÉDITION

PARIS
LIBRAIRIE HACHETTE ET Cie
79, BOULEVARD SAINT-GERMAIN, 79

3 fr. 50

LES AVEUGLES

PAR UN AVEUGLE

DU MÊME AUTEUR :

En vente à l'Association Valentin Haüy, pour le Bien des Aveugles, 9, rue Duroc, Paris.

Impressions et Souvenirs d'Aveugle. Avec une préface de M. François Coppée, de l'Académie française. Un volume in-16, édition de luxe, avec 7 photogravures, broché, 2e mille. 3 fr. 50

Les Sœurs Aveugles. *La Psychologie de la femme aveugle et la Communauté des Sœurs aveugles de St-Paul.* Un volume in-12, couverture illustrée, broché. . . . . 3 fr. 50

761-12. — Coulommiers. Imp. Paul BRODARD. — P8-12.

MAURICE DE LA SIZERANNE

ES AVEUGLES

PAR UN AVEUGLE

AVEC UNE PRÉFACE

DE

M. LE COMTE D'HAUSSONVILLE

DE L'ACADÉMIE FRANÇAISE

Ouvrage couronné par l'Académie française

CINQUIÈME ÉDITION

PARIS

LIBRAIRIE HACHETTE ET Cie

79, BOULEVARD SAINT-GERMAIN, 79

1912

PRÉFACE

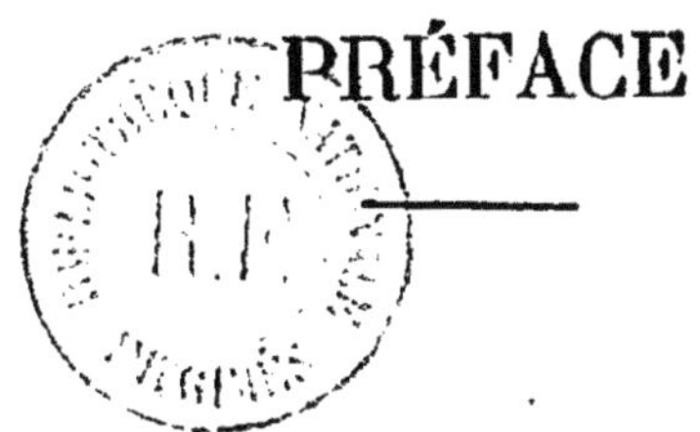

Ceci n'est pas seulement un bon livre; c'est encore une bonne action. Un aveugle s'est intéressé au sort des aveugles. Il a voulu émouvoir en leur faveur, non pas les âmes charitables qui n'en avaient pas besoin, car elles ne sont oublieuses d'aucune misère, mais ce grand public sans le concours duquel on ne fait rien de solide ni de durable. Placé lui-même par le sort bien au-dessus de cette triste préoccupation du pain quotidien qui est le lot d'un trop grand nombre de ces malheureux, c'est surtout leur condition morale qui lui tient à cœur, et il a consacré la meilleure part de son livre à leur réhabilitation. Je me sers à dessein de ce mot qui pourra paraître un peu fort, mais M. de la Sizeranne se plaint précisément (et il rapporte avec bonne grâce, à l'appui de sa plainte, certaine anecdote où il joue un rôle) que l'aveugle passe dans la société pour un être inférieur, incomplet, auquel il ne manquerait pas seulement un sens précieux, mais dont les facultés intellectuelles et morales seraient en quelque sorte atrophiées et engourdies. C'est contre ce préjugé que M. de la Sizeranne a voulu protester, et les premières pages de son livre sont consacrées à démontrer qu'il n'y a aucune infériorité intellectuelle de l'aveugle par rapport au clairvoyant.

Le clairvoyant! Se figure-t-on bien tout ce que ce mot peut signifier pour l'aveugle? Nous le prenons au sens métaphorique; nous en avons fait une qualité de l'esprit, une épithète élogieuse. Mais pour celui qui prend cette épithète au sens réel et qui en même temps n'a pas l'expérience de cette réalité, imagine-t-on tout ce qu'elle doit impliquer de regrets, de désirs, de tristesses, peut-être même d'amertumes? Être clairvoyant, c'est-à-dire ne pas se sentir perdu dans une obscurité perpétuelle et comme égaré dans un brouillard noir; connaître la forme et la couleur des choses; distinguer les êtres; savoir qui l'on aime. Quelle jouissance! Mais aussi en être privé, quel désespoir! et il semble que ce désespoir doive être de chaque jour, de chaque heure, de chaque minute, tout ce qui est pour nous l'occasion d'une sensation fugitive, mais agréable, devenant pour l'aveugle une cause de privations et de tourments. — Eh bien, s'il faut croire M. de la Sizeranne, la condition de l'aveugle ne mériterait pas cette compassion, et les privations dont il souffre seraient en partie compensées par des jouissances inconnues aux clairvoyants. Ces jouissances lui proviennent de l'extrême développement auquel arrivent chez lui les autres sens et en particulier le sens de l'ouïe et celui de l'odorat. M. de la Sizeranne, qui doit le savoir, n'épargne rien pour nous en persuader. Je ne puis résister au désir de citer une page charmante où, sans essayer de faire œuvre littéraire, il décrit cependant, avec un talent véritable, ces sensations supplémentaires en quelque sorte qui sont connues de l'aveugle et inconnues du clairvoyant : « Il y a, dit-il, pour l'aveugle, beaucoup de sons, beaucoup de bruits caractéristiques : ici c'est la cloche d'un couvent, là l'horloge d'une église, d'un hôpital; ailleurs un menuisier, un tailleur de pierre, une maison en construction. Tout est remarqué, associé et mis à profit. Tout cela est pour la ville et le village, mais en pleine campagne la nature prend soin de donner à l'aveugle bien des indications, bien des jouissances, qui sont autant de jalons pour sa route. Ici c'est un mouvement de terrain, une ornière, un passage rocailleux ou sablonneux, une clairière tapissée de gazon, de mousse, d'aiguilles de pin; là c'est un bois résineux, un pré, une meule de foin, une touffe de genêts et de fleurs sauvages. Ailleurs, ce sera les chuchotements d'un ruisseau, le bruit des arbres ou des arbustes. Le lilas et le chêne ne disent pas la même chose lorsque le vent passe; ils ne frissonnent pas de la même manière en mai et en octobre. Autres sont les oiseaux qu'on entend lorsqu'on est assis au pied d'un vieil orme au milieu d'un grand bois, ou sur la berge de la rivière qui traverse la prairie....

«...... La nature est donc peuplée, vivante, variée pour l'aveugle. Sans doute il lui manque beaucoup de jouissances, d'indications que le clairvoyant possède, mais il lui en reste de très pénétrantes, de très précises, que ce dernier soupçonne à peine, occupé qu'il est par les impressions vives, mais distrayantes, que donne la vue. »

Êtes-vous convaincu? Moi je ne le suis pas tout à fait, et même après avoir lu le livre de M. de la Sizeranne, il me reste sur la condition relativement heureuse de l'aveugle une certaine méfiance dont je dirai très franchement la raison. J'ai connu un aveugle qui était aussi un chrétien fervent. Un jour que cet aveugle se trouvait par hasard, à la nuit tombante, dans une chambre sans lumière, quelqu'un entra brusquement et lui dit, sans réflexion : « Comment! vous êtes là dans l'obscurité! — Oh, vous savez, répliqua doucement l'aveugle, pour moi il fait toujours clair. » Je soupçonne M. de la Sizeranne d'appartenir à cette race d'aveugles pour lesquels il fait toujours clair, parce que leurs yeux sont tournés vers la clarté qui vient d'en haut. Pour traduire autrement ma pensée, je dirai que le livre de M. de la Sizeranne est un excellent petit traité de résignation chrétienne. Il y en a de tout à fait excellents (je ne les ai pas lus, mais j'en suis sûr), que des pères de l'Église ou des moralistes ont pris la peine de rédiger sur ce même sujet. Mais il est plus facile de se résigner aux maux d'autrui qu'aux siens, et celui qui prêche d'exemple, comme M. de la Sizeranne, aura toujours bien plus de crédit.

Il ne suffit pas à l'auteur de ce petit livre d'avoir démontré qu'il n'y a point chez l'aveugle infériorité intellectuelle; il veut encore établir qu'il n'y a point non plus chez lui infériorité morale, j'entends par là qu'il vit d'une vie aussi pleine et aussi forte que le clairvoyant. Ici encore M. de la Sizeranne va nous prêcher d'exemple. Sa sollicitude pour les aveugles ne se borne pas à écrire des ouvrages en leur faveur. Il en connaît beaucoup, il les suit dans leur existence difficile. Il va nous faire pénétrer dans le détail de ces existences. Nous apprenons par lui que les aveugles se marient parfois entre eux. Assez souvent aussi, on voit une jeune fille clairvoyante épouser un aveugle. Mais il est infiniment rare qu'un clairvoyant épouse une jeune fille aveugle. Il faut pour une association de ce genre un dévouement dont notre sexe ne se montre guère capable. Généralement ces ménages sont contents de leur sort, à condition bien entendu qu'ils trouvent un gagne-pain dans quelques-unes des professions auxquelles on peut exercer les aveugles : organistes, accordeurs de pianos, brossiers, vanniers, et d'autres encore. Leur infirmité les préserve de beaucoup de tentations et leur enseigne la modération des désirs. Ils ne songent ni à s'élever au-dessus de leur condition, ni à courir après les divertissements. Les affections de famille sont leur bien le plus précieux; ils en jouissent vivement et font volontiers souche d'honnêtes gens qui sont en même temps des clairvoyants (ceci, malgré tout, ne gâte rien). Je voudrais que nos pessimistes qui souvent sont d'autant plus enclins à mépriser la nature humaine qu'ils l'ont étudiée de moins près, je voudrais, dis-je, que nos pessimistes accompagnassent M, de la Sizeranne dans quelques-unes des visites qu'il nous fait faire. Ils seraient bien forcés de reconnaître que, sinon chez les clairvoyants, du moins chez les aveugles, on trouve bien de la vertu. M. de la Sizeranne nous conduit en particulier dans l'intérieur d'un jeune ménage d'aveugles qui demeure impasse de la Tour-de-Vanves, à Paris-Plaisance. Le mari est brossier dans un atelier, il gagne 2 fr. 50 par jour; la femme est brocheuse, elle gagne 1 fr. 50. Cela suffit à la subsistance du ménage et à celle de deux enfants. Mais il faut aussi gagner le loyer, et pour cela le père fait encore du filet le soir de huit heures à minuit, pendant que la mère, après avoir fait le ménage, continue de coudre des cahiers à côté de lui. Ils causent en regardant de temps à autre (car les aveugles regardent aussi) leurs enfants qui dorment. Ils s'aiment, ils sont heureux, et M. de la Sizeranne ne pouvait terminer, plus habilement que par ce tableau, son plaidoyer en faveur des aveugles. Où donc est le bonheur? dit-on parfois, et c'est même précisément ainsi que commence une des plus belles pièces des *Feuilles d'automne*. Être aveugle et se résigner : est-ce que le bonheur serait là? J'en doute un peu cependant, mais lisez M. de la Sizeranne : peut-être il vous persuadera.

Comte d'Haussonville,
de l'Académie française

INTRODUCTION

C'était en wagon. L'express n'avait eu qu'une minute d'arrêt à la station de ***. En ouvrant la portière, mon guide m'avait simplement dit : « Un voyageur au fond, à droite. » Aussitôt le train en marche, je tirai de ma valise un volumineux courrier, point encore dépouillé; séparant la portion écrite à l'encre de celle écrite en points saillants, je réservai la première pour me la faire lire plus tard et me mis à parcourir la seconde, tout en prenant des notes à l'aide d'une réglette à écrire le *Braille*[1]. Mon guide savait que, connaissant de longue date la disposition d'un wagon, je n'avais nullement besoin de ses services; il

1. Écriture en relief à l'usage des aveugles.

était donc monté après moi, et s'était plongé dans un « Jules Verne ».

Cette scène que je jouais pour la millième fois, et certes sans le moindre apprêt, intriguait au plus haut point le voyageur (grand industriel, me dit-il ensuite,) en face de qui je m'étais assis. Il m'observait curieusement et, quand je fus plongé dans mon travail, s'adressant à mon guide, comme si j'eusse été incapable de lui donner la réplique :

« *Est-ce* de naissance? » dit-il.

Mon guide, très absorbé par sa lecture, répondit : « Non », par un signe de tête.

Après une pause, nouvelle question, toujours en diagonale :

« *Il* écrit? »

Nouvelle réponse mimée, mais affirmative — et longue méditation. Puis, baissant la voix : « *Il* doit être bien malheureux! que peut-*il* faire? »

La réponse par signes n'était plus possible. Aussi, prenant la parole et donnant une dimension inusitée au premier pronom personnel fréquemment répété : « *Je* serais aveugle de naissance, dis-je, que *je* pourrais faire tout ce que *je* fais... »

Et je m'efforçai de faire discrètement comprendre à mon interlocuteur — homme très aimable d'ailleurs — qu'un aveugle n'est pas fatalement un être bizarre, un peu muet, un peu sourd, dont toutes les facultés se seraient engourdies dans l'obscurité; que, pour avoir des renseignements sur lui, lorsqu'on l'a devant soi, il n'est pas nécessaire, comme pour un chimpanzé, un chien savant ou un enfant en bas âge, de s'adresser à un tiers, en disant : « Est-*il* ceci? — Que fait-*il*? »

Je dis cela, et beaucoup d'autres choses sur les conditions physiques, intellectuelles et sociales faites à l'homme par la cécité.

Étant arrivé à destination, mon compagnon de route descendit.

Nous l'aidâmes à transborder ses paquets et, avant de fermer la portière, il tint sans doute à me montrer qu'il avait compris, car il me dit, non sans malice : « Merci. Maintenant lorsque je rencontrerai un aveugle, je ne dirai plus : *il*. »

Je retournai dans mon coin, mais sans reprendre ma correspondance... Je pensai qu'il y avait certainement une immense quantité de gens intelligents et instruits, dans la situation de mon industriel. Ils ignorent qu'il se trouve 40 000 aveugles en France, 200 000 en Europe, près de 2 millions sur le globe; que depuis un siècle, grâce à Valentin Haüy, dont on connaît peu le nom et pas du tout la vie et l'œuvre, un grand nombre de ces aveugles peuvent devenir, par les écoles spéciales, des hommes *actifs* et *utiles*. Bien des gens, me semblait-il, seraient aises qu'un ancien élève de ces écoles, sans cesse en relations avec des centaines d'aveugles, leur dît avec beaucoup de sincérité qui sont les aveugles que l'on instruit, comment on les instruit, et pourquoi on les instruit.

Telle fut l'idée de ce livre.

M. S.

PREMIÈRE PARTIE

PSYCHOLOGIE DE L'AVEUGLE

CHAPITRE PREMIER

LE PHYSIQUE

Quand on veut connaître un homme, il faut le prendre et le surprendre un peu partout : dans sa chambre, au repos comme au travail, à déjeuner aussi bien qu'à souper; dans la maison et dans la rue. Il faut causer avec lui, non quand il a sa redingote et ses gants, dans une visite officielle, mais en pantoufles et en robe de chambre, au coin d'un feu bien intime que l'on tisonne en devisant. Il faut le voir seul et en représentation; l'observer, ajustant sa cravate, et faisant ou recevant une visite. Ce n'est pas tout; l'extérieur de la maison humaine étant reconnu, il faut essayer de pénétrer au dedans, pour savoir ce qui s'y passe. Comment notre homme raisonne-t-il sur telle ou telle question? A-t-il l'esprit géométrique? Comprend-il la poésie, la métaphysique?...

Si on peut le trouver un livre à la main, il faut voir doucement, par-dessus son épaule, ce qu'il lit, et surtout *ce qu'il relit*; le titre du chapitre savouré; celui après lequel il s'arrête un instant pour penser, ou plutôt pour rêver... Enfin, après qu'on a vu les attitudes et aptitudes physiques et intellectuelles d'un individu, il faut pénétrer jusqu'au moral; savoir ce qui est aimé, ce qui est haï; peut-être même ce qui est indifférent. Il faut tâter la trempe du caractère, en voyant l'homme aux prises avec les heurs et malheurs de la vie.

Nous allons donc, pour étudier les facultés physiques, intellectuelles et morales des aveugles, les observer partout, les regarder de la fenêtre lorsqu'ils passent dans la rue, y descendre avec eux, les suivre pas à pas, *les filer*, entrer où ils entrent, et essayer de pénétrer jusque dans l'inviolable domicile, sans qu'ils s'en doutent.

La chose n'est pas aisée : l'ouïe se développe dans l'obscurité, l'attention se localise sur les impressions auditives. Il y a, on le sait, une grande différence entre entendre et écouter, voir et regarder : le sourd regarde, l'entendant voit;

le clairvoyant entend, l'aveugle écoute; de là une grande délicatesse d'organe, une grande puissance d'analyse des sons, et une aptitude singulière pour faire dans le domaine de ce qui s'entend des distinctions subtiles. Le toucher, l'odorat, se développent, s'affinent aussi; les impressions qu'ils fournissent sont analysées, enregistrées. Les trois sens : ouïe, toucher, odorat, plus souvent et plus complètement interrogés par l'aveugle que par le clairvoyant, le mettent en relation avec le monde extérieur. Placé dans le silence absolu, tout le corps engourdi par le froid, éloigné en outre de toute émanation odorante, l'aveugle éprouverait la pénible sensation du vide; mais lorsqu'il se trouve dans un milieu normal, où la vie se manifeste avec ses bruits, ses modifications tangibles, ses odeurs très variées, très significatives, il suit tout ce qui se passe autour de lui; il y prend part, il y prend intérêt. Sans voir, on peut faire une foule de distinctions entre les rues d'une ville, d'un village, les chemins en pleine campagne. Ce serait une erreur de croire que, pour l'aveugle, toutes les rues, tous les chemins sont semblables; il en est beaucoup qui ont pour lui un aspect bien tranché, et, sans le demander, souvent il sait où il se trouve. La dimension de la chaussée, la nature du sol, le nombre et le genre des véhicules que l'on rencontre, les rues qui coupent les trottoirs, les plaques d'égouts qui les émaillent, les magasins riverains; tout est utilisé comme point de repère.

Le toucher n'est pas localisé dans la main; il est répandu sur tout le corps [1]. Même à travers le soulier, le pied distingue le genre de sol qu'il

1. « Nous ne sommes pas également maîtres de tous nos sens. Il y en a un, savoir le toucher, dont l'action n'est jamais suspendue durant la veille; il a été répandu sur la surface entière de notre corps, comme une garde continuelle, pour nous avertir de tout ce qui peut l'offenser. C'est aussi celui dont, bon gré mal gré, nous acquérons le plus tôt l'expérience pour cet exercice continuel, et auquel, par conséquent, nous avons besoin de donner une culture particulière. Cependant, nous observons que les aveugles ont le tact plus sûr et plus fin que nous, parce que, n'étant pas guidés par la vue, ils sont forcés d'apprendre à tirer uniquement du premier sens les jugements que nous fournit l'autre.

« Pourquoi donc ne nous exerce-t-on pas à marcher comme eux dans l'obscurité; à connaître les corps que nous pouvons atteindre, à juger des objets qui nous environnent; à faire, en un mot, de nuit et sans lumière, tout ce qu'ils font de jour et sans yeux? Tant que le soleil luit, nous avons sur eux l'avantage; dans les ténèbres, ils sont nos guides à leur tour. Nous sommes aveugles la moitié de la vie, avec la différence que les vrais aveugles savent toujours se conduire, et que nous n'osons faire un pas au cœur de la nuit. On a de la lumière, me dira-t-on. Eh! quoi! Toujours des machines! Qui vous répond qu'elles vous serviront partout au besoin? Pour moi, j'aime mieux qu'Émile ait des yeux au bout de ses doigts, que dans la boutique d'un chandelier. » JEAN-JACQUES ROUSSEAU, *Émile*.

foule. Bouchez les oreilles à un aveugle attentif, et il saura très bien s'il marche sur du pavé plat, ou pointu (italien, languedocien ou parisien); sur le grès ou le bois, sur du macadam, de l'asphalte; s'il passe sur une plaque d'égout; s'il est sur un sentier battu, dans une terre labourée, sur un pré ou sur un chaume.

Les odeurs aussi sont bien différentes et bien caractéristiques : la viande fraîche, la pommade, le tabac mouillé, le cuir frais, le poisson, le foin, les plantes pharmaceutiques, les coulis aux truffes, le papier nouvellement imprimé, les fleurs, que sais-je encore! ont des parfums très divers qui permettent de savoir, sans l'ombre d'un doute, si l'on passe devant un boucher, un coiffeur, un marchand de tabac ou de souliers; si on longe les grandes Halles ou une caserne de cavalerie; si le soupirail qui vous envoie ses bouffées en pleine figure aère la cave d'un pharmacien ou la savante officine d'un Chevet; si vous êtes en face de la vendeuse de journaux, chantée par Coppée, ou de la bouquetière du coin. Ces remarques d'ailleurs n'échappent pas toujours aux clairvoyants. M. Octave Feuillet, dont l'analyse est souvent si pénétrante, écrivait naguère une page d'impressions olfactives bien caractéristiques, lorsqu'il nous montrait un de ses héros obsédé par le souvenir de Paris : « Il croyait respirer les odeurs spéciales du boulevard, le soir, le mélange de gaz, de tabac, de cuisine souterraine, et les bouffées parfumées sortant par intervalles des boutiques de fleurs; il respirait l'atmosphère particulière des salons, des cercles, des intérieurs de coulisses, des loges d'actrices, les effluves des escaliers et des vestibules des théâtres à la sortie des spectacles, les fortes senteurs des fourrures précieuses, des pelisses brochées d'or et des épaules nues [1]. »

A tous les renseignements que donnent le toucher et l'odorat, se joignent ceux apportés par l'ouïe : une voie est plus ou moins passante, coupée par un boulevard, une rue ou une avenue, bruyante ou silencieuse. On est sur une ligne de tramways, d'omnibus, de voitures de maîtres ou de fiacres (eux aussi ont leur parcours de prédilection). En effet, les attelages se suivent sans plus se ressembler pour l'oreille que pour l'œil. Le trot ou le roulement d'un tramway n'est pas celui d'un omnibus, qui n'est pas celui du landau ou du coupé de maître, lequel diffère essentiellement du fiacre; le trot-

1. Octave Feuillet, *La Morte*, p. 161.

tinement flegmatique et traditionnel de la rosse prise à l'heure est reconnaissable pour l'oreille la moins exercée aux choses du sport .... Il y a encore beaucoup de sons, de bruits caractéristiques : ici c'est la cloche d'un couvent, là, l'horloge d'une église, d'un hôpital; ailleurs, un menuisier, un tailleur de pierres, une maison en construction. Tout est remarqué, associé et mis à profit. Tout cela est pour la ville ou le village; mais en pleine campagne, la nature prend soin de donner à l'aveugle bien des indications, bien des jouissances qui sont autant de jalons pour sa route. Ici, c'est un mouvement de terrain, une ornière, un passage rocailleux ou sablonneux; une clairière tapissée de gazon, de mousse, d'aiguilles de pin; là, c'est un bois résineux, un pré, une meule de foin, une touffe de genêts ou de fleurs sauvages; ailleurs, ce sera les chuchotements d'un ruisseau, le bruit des arbres ou des arbustes. Le lilas et le chêne ne disent pas la même chose lorsque le vent passe [1]; ils ne frissonnent pas de la

1. Il entendait frémir dans la forêt qu'il aime
Ce doux vent qui, faisant tout vibrer en nous-même,
Y réveille l'amour;
Et remuant le chêne ou balançant la rose,
Semble l'âme de tout qui va sur chaque chose
Se poser tour à tour.
VICTOR HUGO, *Tristesse d'Olympio.*

même manière en mai et en octobre. Autres sont les oiseaux qu'on entend, lorsqu'on est assis au pied d'un vieil orme, au milieu d'un grand bois, ou sur la berge de la rivière qui traverse la prairie. Le bavardage des coqs et des poules nous annonce l'approche d'une ferme.

La nature est donc peuplée, vivante, variée, pour l'aveugle. Sans doute (et c'est presque naïf de le dire), il lui manque beaucoup de jouissances, d'indications que le clairvoyant possède; toutefois il lui en reste de très pénétrantes, de très précises, que ce dernier soupçonne à peine, occupé qu'il est par les impressions vives, mais distrayantes que donne la vue.

Il est aisé de comprendre qu'avec ces ressources physiques, les aveugles ne soient pas forcément des meubles encombrants, des êtres ennuyeux et ennuyés, incapables de se mouvoir seuls, et ne pouvant être déplacés qu'avec mille précautions et au prix de mille fatigues. Ils vont et viennent dans la maison, montent et descendent les escaliers, entrent et sortent; ils ont physiquement une vie active, une vie personnelle. Dehors, sur le chemin rural, comme dans une rue munie de réverbères, à la ville aussi bien qu'au village, ils peuvent savoir où ils sont, guider leur guide (la plupart du temps, un enfant), qui n'est qu'un outil, très utile, mais purement mécanique ; ce sont des yeux mis au service de l'intelligence de l'aveugle. Parfois, le soir, lorsqu'un aveugle adroit connaît bien le quartier où il circule et que ce n'est point les Champs-Élysées, ou le faubourg Montmartre, il quitte son guide comme on quitte un lourd manteau, lorsqu'après quelques pas on s'aperçoit qu'on étouffe : la hâte et le soulagement sont pareils. Dans le voisinage des établissements consacrés aux aveugles, il n'est pas rare de rencontrer un de ces émancipés allant, venant, se promenant sans guide, ni bâton... Sur un calme boulevard (par exemple, celui des Invalides, à Paris), observez cet aveugle qui file rapidement le long du trottoir : il traverse plusieurs rues, passe devant dix, devant vingt portes cochères sans ralentir son allure, évite, en prenant l'allée sablée, ici des passants qui le croisent précipitamment, là des enfants qui jouent sur le trottoir ou un bourgeois peu pressé qui fait à pas lents et majestueux sa promenade de santé. Enfin il arrive à une porte devant laquelle il s'arrête sans hésiter, saisit vivement le bouton de la sonnette ; on tire le cordon, il entre.

Voulez-vous le suivre plus loin; vous le verrez traverser un vestibule, pousser une porte vitrée, monter lestement l'escalier, et sonner au deuxième... tout simplement à la Direction des journaux des aveugles, et, à chaque instant, le jour comme le soir, j'ai ainsi la visite d'aveugles qui viennent causer avec moi, chercher ou apporter des renseignements, lire des épreuves, des manuscrits, qui font leurs affaires et celles de nos œuvres avec une parfaite indépendance de corps et d'esprit. Voilà des faits qui sembleront peut-être étranges, merveilleux; ils sont accomplis cependant comme la chose la plus banale[1].

Décomposons, si vous le voulez bien, cette série d'actes. Notre aveugle a, plusieurs fois déjà, passé sur le boulevard des Invalides; il le

1. Les aveugles font des choses bien autrement curieuses, au point de vue de l'adresse. L'Américain Campbell, par exemple, directeur d'un grand collège d'aveugles et qui est complètement privé de la vue, a traversé des espaces considérables dans les États-Unis, à cheval et sans guide. Il a fait avec son fils, il y a peu d'années, l'ascension du mont Blanc. On pourrait citer encore M. Fawcett, l'éminent ministre des postes du cabinet gladstonien, mort en 1884 dans l'exercice de ses fonctions, et qui était aveugle depuis l'âge de vingt-cinq ans. Pour se délasser de ses travaux et de ses luttes au Parlement, il patinait des heures entières en hiver, et souvent seul. En été, il pêchait fréquemment, ou se promenait à cheval, parfois au galop, ce qui faillit d'ailleurs lui causer plus d'un accident. (Voir *Life of Henry Fawcett*, par Leslie Stephen, Londres; 1886.)

sait peu fréquenté, surtout le soir et le matin; il connaît la topographie des lieux, le nombre et la qualité (paisible ou encombrée) des rues qui le traversent ou y débouchent; il peut s'aventurer sans aventure, se hasarder sans hasard; il ne s'égarera pas. Il part donc et marche droit devant lui, tant qu'il n'entend rien; mais voici quelqu'un qui arrive en sens contraire sur le même trottoir, alors l'aveugle se tient un peu plus à droite, et le croisement s'opère sans ralentissement et sans collision. Plus loin, ce sont des enfants qui obstruent le trottoir ou l'allée; les enfants sont faciles à reconnaître; leur babil, leurs pas irréguliers les trahissent. Or l'aveugle, sachant qu'avec cette gent il est difficile de compter sur quelque chose de fixe, juge prudent de quitter le trottoir pour l'allée, ou l'allée pour le trottoir, et après avoir dépassé le jeune groupe, il reprend celui des deux chemins qui lui convient le mieux. Vous n'avez peut-être jamais remarqué que certains trottoirs, au moment d'être coupés par une voie, s'abaissent progressivement. C'est visible à l'œil, mais peut-être peu sensible au pied du clairvoyant; celui de l'aveugle ne s'y trompe pas, et cette déclivité du sol lui indique le point précis où il faut traverser la rue, comme le *bombement* bien accusé de la chaussée indique le commencement du nouveau trottoir qui prend en face. Pour traverser la voie qu'il longe ou la rue qui interrompt son chemin, l'aveugle attend qu'il n'y ait pas de voiture à l'horizon : moments psychologiques faciles à connaître et assez fréquents. En approchant d'un mur, d'une charrette arrêtée ou simplement d'un arbre, il éprouve une sensation à la fois auditive et tactile. Les pas résonnent différemment lorsqu'on est près d'une masse quelconque, puis l'air plus comprimé agit sur la peau du visage. Cette dernière sensation est subtile, sans doute, mais elle existe si bien, qu'avec un chapeau descendu très bas sur la figure, on est moins à l'aise que nu-tête, pour se conduire sans voir.

Non seulement l'aveugle n'est aucunement gêné par le plus opaque brouillard (ce qui va sans dire), mais, chose plus curieuse, il s'y trouve mieux à l'aise que dans le plein jour. Les voitures roulent moins vite; les passants hésitants marchent avec plus de circonspection, toutes circonstances dont l'aveugle profite, en ce qu'il est moins exposé à se heurter. Vienne un beau soleil, au contraire, mais en même temps un grand vent qui étouffe les sons dont l'aveugle se sert pour se guider et le voici tout décontenancé. En sorte que pour l'homme qui remplace la vue par l'ouïe, l'obscurité n'est pas dans le manque de lumière, mais dans le manque ou dans la confusion des sons.

Si vous observez un aveugle sans guide dans la rue au moment où un régiment passe, tambour battant, vous le verrez ralentir et marcher avec précaution, car, surtout si la voie est peu large et encaissée dans de hautes maisons, il n'entendra plus rien, et sera exposé à se heurter, et à faire une maladresse. Plusieurs grosses cloches sonnant ensemble, une charrette chargée de ferrailles, une prolonge d'artillerie, roulant sur le pavé, sont aussi de redoutables rencontres. Le pavage ou l'affaissement du trottoir, à l'entrée des portes cochères, les plaques d'égout, l'interruption et la reprise des bandes d'asphalte sur les allées de boulevard, et bien d'autres petites remarques, fixent exactement l'aveugle sur le lieu où il est; il passe devant cinq, dix, quinze maisons et s'arrête juste à celle où il a affaire.

Faut-il expliquer comment l'aveugle entre, monte l'escalier, tire la sonnette? Il fait cela comme tout le monde et avec les manies de détail que chacun y apporte inconsciemment suivant les circonstances, les dispositions d'esprit. L'allure est différente lorsqu'on va solliciter un créancier, un haut personnage, consulter, la mort dans l'âme, un spécialiste fameux qui doit prononcer un arrêt peut-être fatal, ou quand, au printemps d'un amour, on va faire une visite longtemps désirée. Le somptueux premier étage des puissants du monde, réel, brutal, semble plus haut et plus fatigant que le raide escalier qui conduit au quatrième où l'on aime et où l'on espère être attendu. L'aveugle éprouve tous ces sentiments et les trahit dans sa démarche; sa main, comme celle du clairvoyant, tremblera quelque peu en tirant le cordon de sonnette — quand il y a encore une sonnette, car le progrès, grand et prosaïque niveleur avant tout, tend à substituer le timbre rigide, uniforme, à la bonne vieille sonnette que deux personnes n'agitent pas de la même manière et qui, pour une oreille exercée (celle de l'aveugle, par exemple), était un excellent avertisseur du genre de visite qu'on allait recevoir.

Dans la maison, au jardin, c'est naturel, l'aveugle est encore plus indépendant, encore plus à l'aise que dans la rue. Il monte, il descend, il va, il vient comme une personne ordinaire, sans le moindre guide; il s'habille, se déshabille, mange et boit comme tout le monde, et avec le même appétit que qui que ce soit [1]. S'il est adroit, il peut même s'occuper aux soins du ménage et non sans succès. Voulez-vous vous en convaincre? Allez aux Quinze-Vingts. Parmi les trois cents aveugles qui habitent le vaste enclos de ce doyen des établissements de bienfaisance, il est un certain nombre de vieilles filles qui, après trente ans de labeur, prennent là leur retraite. Le concierge vous indiquera leur numéro. Frappez à la porte, vous trouverez un intérieur modeste, mais propret, avec quelque coquetterie. Des fleurs sur la fenêtre; des rideaux, un dessus de lit, des voiles de fauteuils au tricot ou au crochet, des carreaux bien cirés, pas un grain de poussière sur la commode, tout est en ordre. Si vous avez la bonne chance d'arriver à l'heure du repas, un jour où la propriétaire reçoit une ou deux de ses anciennes compagnes, vous verrez servir très proprement sur une nappe très blanche : œufs

1. Il n'est pas superflu de donner ces détails, en apparence bien puérils; beaucoup de personnes et même de personnes intelligentes se refusent à croire lorsqu'elles ne l'ont pas vu, et sont suffoquées d'admiration lorsqu'elles ont constaté par elles-mêmes, qu'un aveugle peut monter et descendre un escalier tout seul sans se rompre le cou, se diriger dans une maison, un jardin où il vient quelquefois, s'habiller, manger seul, etc., etc.

au plat, rouelle de veau dans son jus, pommes de terre sautées, crème à la vanille, d'aspect, de fumet et de goût excellents, le tout préparé devant ses convives aveugles et clairvoyantes, par l'hôtesse aveugle qui est elle-même sa cuisinière, sa femme de chambre et son frotteur. J'ajouterai que détails et menu ne sont pas de fantaisie : ils m'ont été fournis par les convives.

L'adresse assurément n'est point donnée à tous les aveugles : parmi eux, comme parmi les clairvoyants, il en est beaucoup qui seraient fort empêchés de tirer une aiguille, pousser un balai et griller la moindre côtelette.

Il faut se garder de généraliser en bien comme en mal : si l'on connaît un aveugle adroit, ne pas croire que tous sont tels, mais surtout ne pas conclure à la maladresse, à la gaucherie, comme conséquence inévitable de la cécité, parce qu'on rencontre un aveugle lourd, gauche, embarrassant et embarrassé.

Quoique les défauts soient plus vite généralisés et exagérés que les qualités, il arrive souvent qu'émerveillé de ce qui peut être fait par le toucher, on demande si les aveugles distinguent les couleurs. Non. La couleur n'est ni tangible ni perceptible par l'ouïe, l'odorat ou le goût.

Pourtant, dans certains cas, la coloration a une odeur, une saveur qui avertissent l'aveugle de sa présence. Plus souvent, il arrive que deux objets qui, à première vue, ne paraissent différer que par la couleur, ont néanmoins une différence de tissu, de forme, de dimension, de poids. Voici deux chaises semblables, recouvertes toutes deux de soie, de perse ou de velours, peu importe, mais l'une en rouge, l'autre en vert; l'une est aussi un peu plus lourde que l'autre. Quand un clairvoyant voudra désigner ces chaises, il dira : la rouge, la verte. Il n'aura même pas remarqué que la verte pèse trois ou quatre cents grammes de moins que la rouge; qu'elle a une petite différence de moulure, ou que le velours en est plus râpé; qu'un clou manque à la garniture. L'aveugle, lui, saisit immédiatement cette différence; il la retient; mais il retient aussi (s'il l'a entendu dire) qu'une chaise est rouge, l'autre verte; il rapproche dans sa mémoire la distinction tangible de la distinction visible, et si, dans un instant, vous le priez d'approcher la chaise rouge ou la chaise verte, il n'hésitera pas pour choisir le siège demandé, il dira aussi, comme vous : « Je me suis assis sur la chaise rouge », parce qu'il sait que, vivant avec des clairvoyants, il doit parler leur langue, et que, pour tout le monde, ces chaises se nomment rouge, verte; non pas lourde, légère, neuve, usée.

Ce sont des remarques analogues qui servent aux aveugles pour distinguer une foule de choses. La personne qui a tous ses sens est absorbée par ce qu'elle voit; la plupart du temps, toute son attention se concentre sur la manifestation visible des corps; elle ne pousse pas plus loin ses investigations. Satisfait du renseignement fourni par les yeux, on ne s'aperçoit pas qu'à telle ou telle manifestation visible se joint ordinairement une manifestation, légère peut-être, mais très sensible encore pour le tact, l'ouïe, l'odorat, le goût.

« Entre les hommes, dit Pascal, la diversité est si ample que tous les tons de voix, tous les marchers, toussers, mouchers, éternuers, sont différents. » C'est très vrai, et tandis que les clairvoyants, absorbés qu'ils sont par ce qui se voit : taille, cheveux, barbe, expression des yeux, physionomie, entendent à peine ces nuances de ton et de pas, les aveugles les écoutent soigneusement, pour en tirer profit [1].

1. « Qui de nous, les yeux bandés, pourrait se flatter de reconnaître la taille des personnes qui l'entourent, d'après

Un aveugle reconnaîtra à peu près quel est le genre des personnes qui le croisent. L'ouvrier qui va au chantier, en fumant une pipe où brûle un âcre tabac, n'a ni la chaussure ni la démarche du sous-chef qui savoure un journal d'opposition et un cigare de quinze centimes en se rendant à son ministère. La femme élégante (à pied par hasard) ne marche pas comme celle qui est pesamment chargée; l'ouvrière pimpante, qui se rend à sa journée, a un autre pas que la religieuse qui va pieusement à l'église ou au chevet d'un malade. La gaucherie, l'élégance de la démarche, du maintien, se manifestent, le croira-t-on, à l'oreille, par un ensemble de bruits, de sons, de frôlements, que sais-je! plus faciles à entendre et à apprécier qu'à définir; ce

la direction de leur voix? C'est pourtant ce que font tous les jours les aveugles; et, ce qui est bien plus surprenant, ils devinent, sans autre indice, l'âge d'une personne : nous avons été vingt fois témoin de cette expérience. Il est constant que la voix subit une altération chaque année; mais nos organes ne sont pas assez subtils pour compter les anneaux de cette chaîne : nous n'en apercevons que les extrémités. Nous distinguons facilement les vagissements de l'enfance, les mâles accents de l'âge mûr, la voix chevrotante du vieillard; mais les intermédiaires nous échappent. — Le temps, dans sa marche lente, mais continue, marque cependant les traces de son passage dans notre voix comme sur nos traits : ce sont ces traces, insensibles pour nous, que découvre l'oreille exercée de l'aveugle. » — DOCTEUR HOWE, *De l'Éducation des aveugles* (*North american Review*, 1833).

qui est certain, c'est que l'aveugle apprécie très bien le plus ou moins de souplesse, de grâce qu'une personne a en marchant et en se mouvant.

Mais tout cela ne révèle que l'extérieur, que la surface de l'homme; le ton trahit l'homme même et le montre souvent à vif. Tant que vous restez absolument muet et immobile devant un aveugle, il lui est impossible de savoir, de soupçonner qui vous êtes et quelles sont vos intentions; seulement cette situation ne peut se prolonger : vous remuez, vous toussez, vous éternuez.... C'en est assez pour qu'il sache que quelqu'un est là, souvent même *qui est là;* vous parlez, oh! vous êtes perdu. Une personne se reconnaît à la voix, presque aussi bien qu'au visage, et la voix change moins. Après une longue séparation, on peut avoir un doute; quelques instants suffisent ordinairement pour le dissiper. Il est certaines prononciations, certaines manières d'articuler, de scander, certains sons de voix qui ne s'oublient pas, et, s'ils ont remué l'âme de l'aveugle à l'heure qui modifie la vie, le souvenir, âpre ou parfumé, se grave dans le cœur plus encore que dans la mémoire de celui qui n'a pas vu le regard, mais qui a entendu, compris le soupir, et à l'autre bout du monde, après vingt ans de séparation, peut-être d'indifférence, ce souvenir lui fera nommer une personne au premier mot, au premier souffle.

On a l'habitude de se composer une physionomie, mais on n'a pas celle de se composer une voix; c'est au profit des aveugles. On pense à se faire un visage de circonstance; on oublie de préparer son ton, d'ailleurs la chose est malaisée. Il est bien difficile de soutenir une discussion, une simple conversation, sans que la voix trahisse quelque peu les émotions de l'âme : la colère, la douleur, la satisfaction, le dédain. Une inflexion faite à faux dénonce la contrainte, et un léger tremblement, un accent un peu ironique font sentir sous quelle impression l'âme vibre au moment où on l'observe.

Je m'arrête; je suis effrayé d'avoir parlé si longuement des facultés physiques des aveugles, gens qui, en somme, sont si rapprochés, et que chacun peut observer à l'aise. Mais il y a des gens qui sont près de nous, que nous coudoyons chaque jour et que nous ne connaissons pas.

Le Parisien connaît-il cette race d'hommes qu'on appelle les chiffonniers de Levallois ou de la Maison-Blanche? Ils l'entourent cependant, ils l'enveloppent; ils sont tous les matins devant sa porte. C'est avec les rognures, les restes de la vie de celui-ci, que celui-là peut végéter. Ce qui est commencé par l'un est achevé par l'autre, et alors qu'une chose est épuisée pour le premier, elle est encore pleine de promesses pour le second; ils ne se connaissent pas, ils ne se connaîtront jamais : on n'a pas le temps...

Il arrive parfois qu'en prenant une feuille de papier on se demande bien inutilement, mais avec beaucoup de charme intime, à quoi pensait celui qui l'a fabriquée; à quelle heure triste ou gaie de son existence il a pétri cette pâte et quelle heure aura sonné pour celui qui recueillera cette pauvre feuille, lorsque, devenue inutile, nous la déchirerons, ou quand la personne à qui nous la destinons parfois avec amour en sera lasse et la jettera avec tant d'autres choses flétries... Singulière vanité de ce qui nous approche, mais a-t-on le temps de penser à tout cela? — Non assurément. On se hâte, on va, on vient, on oublie de vivre. On néglige de connaître la chose qui, peut-être, est la plus intéressante dans la vie : l'Homme. On ne se connaît pas soi-même. Il n'y a donc rien de bien étonnant à ce que l'aveugle ne soit pas connu.

CHAPITRE II

L'INTELLECT

La cécité en soi n'altère pas les facultés intellectuelles. Ce paléographe a tant déchiffré de parchemins jaunis par les siècles, tant prolongé ses savantes veilles, que sa vue s'est éteinte : par ce fait même son intelligence ne s'amoindrit pas. Ce joyeux gamin, qui, dans l'ardeur du jeu, s'est précipité sur les ciseaux de sa mère, ou bien a reçu dans les yeux quelques grains d'une poussière corrosive, n'éprouve pas davantage une déviation de ses facultés intellectuelles. Non, l'enfant frappé au plus fort de sa joie, le bénédictin un instant terrassé sur sa table de travail, se relèvent bientôt et, s'ils avaient vraiment le feu sacré, reprennent avec d'autres moyens, mais presque toujours avec même ardeur et même lucidité, 'un ses travaux, l'autre ses jeux.

En définitive, qu'est-ce qui leur manque, à tous les deux, à l'enfant comme à l'homme? Un outil, voilà tout [1].

1. Il y a, dans les *Recherches sur l'entendement humain* de Reid, un chapitre intéressant, curieux et très favorable aux aptitudes intellectuelles des aveugles, que je voudrais citer ici tout entier; il est trop long malheureusement, mais je ne puis résister au désir d'en extraire au moins quelques passages.

La vue ne découvre presque rien que les aveugles ne puissent comprendre. La raison de cela (p. 142).

Tel est le titre de ce chapitre, qui à lui seul est un précieux aveu. « On en sentira bientôt la raison, dit l'auteur, si l'on prend la peine de distinguer l'apparence que les objets présentent à l'œil des choses désignées par cette apparence. Je conçois qu'un homme né aveugle peut avoir une notion très distincte, sinon de cette apparence même, au moins de quelque chose qui lui est extrêmement semblable, » et plus loin : « Quant aux choses que ces apparences suggèrent ou que nous en inférons, quoiqu'il ne puisse pas les découvrir de lui-même, il peut néanmoins les concevoir parfaitement sur le rapport qu'on lui en fera; et toutes les choses de cette espèce, dont la connaissance entre dans notre esprit par la vue, peuvent entrer dans le sien par l'ouïe » (p. 145). Reid dit alors que l'aveugle-né ne peut pas lui-même savoir que la lumière existe, qu'il a au-dessus de sa tête des astres sans nombre; mais il affirme qu'on peut lui faire comprendre tout cela. Le philosophe fait ensuite la supposition (p. 145) que si, dans le monde, il était aussi rare de naître clairvoyant que de naître aveugle, les clairvoyants sembleraient des êtres extraordinaires, des prophètes inspirés pour instruire les autres hommes qui pourraient parfaitement les comprendre. « Nous savons que l'inspiration ne donne à l'homme aucune nouvelle faculté; elle lui communique seulement d'une manière particulière et par des voies extraordinaires ce que les facultés communes au genre humain peuvent comprendre et ce qu'il peut communiquer aux

C'est un puissant outil, j'en conviens, mais est-ce un outil indispensable? Je prétends que non, et il suffit de rappeler Milton, Saunderson,

autres par les moyens ordinaires. En admettant la supposition que nous avons faite, le don de la vue paraîtrait aux hommes nés aveugles ce que le don de l'inspiration nous paraît à nous-mêmes; car le petit nombre de ceux qui l'auraient reçu pourraient communiquer les connaissances qu'ils lui devraient, à ceux qui n'en jouiraient pas. A la vérité, ils ne pourraient leur donner une idée bien distincte de la manière dont ils reçoivent eux-mêmes ces connaissances; un petit corps sphérique, revêtu de son enveloppe, leur paraîtrait un instrument aussi peu propre à donner une science aussi étendue qu'un songe et qu'une vision. »

Relativement aux apparences, Reid nous dit : « Si nous observons avec soin l'opération de notre esprit dans l'usage qu'il fait de cette faculté, nous nous apercevons qu'il ne tient presque aucun compte de l'apparence visible des objets. Cette apparence ne fixe point du tout l'attention de la pensée; elle n'est qu'un signe qui lui révèle autre chose, et les choses qu'elle révèle, un aveugle-né peut aisément et distinctement les concevoir » (p. 146).

Après avoir donné quelques exemples des apparences que l'on néglige, Reid ajoute (p. 147) : « On pourrait citer mille autres exemples qui démontreraient que les apparences visibles des objets ne nous ont été données par la nature que comme des signes, et que l'esprit passe rapidement à la chose signifiée sans accorder la moindre attention au signe lui-même et sans remarquer même son existence.

« C'est d'une manière à peu près semblable que nous négligeons entièrement les sons d'une langue, dès qu'ils nous sont devenus familiers, et que notre attention se concentre tout entière sur les choses qu'ils représentent. »

(P. 148.) « L'évêque de Cloyne a donc fait une observation très juste et très importante, lorsqu'il a dit que l'apparence visible était une espèce de langage dont se servait la nature pour nous informer de la distance, de la grandeur et de la figure des objets. »

Et dans le chapitre suivant, intitulé : *Des apparences visibles*,

Augustin Thierry, Fawcett, Georges V de Hanovre [1] et beaucoup d'autres, pour couper court à toute contradiction.

Reid montre par de nombreux exemples qu'un homme qu n'aurait pas fait l'éducation de sa vue et qui jugerait de tout d'après les apparences, serait très loin de la vérité; car, dit-il (p. 153), « l'apparence visible d'un objet est extrêmement différente de la notion que l'expérience nous apprend à nous former de cet objet par la vue ». Et l'homme agissant ainsi prendrait les signes pour les choses signifiées : (p. 154) « Ce langage lui étant inconnu, il ne l'entendrait point du tout, et son attention se concentrerait sur les signes, parce qu'il n'en connaîtrait point la signification Nous, au contraire, pour qui ce langage est parfaitement familier, nous ne prenons plus garde aux signes, et toute notre attention se concentre sur les choses qu'ils expriment. On voit que la question étant ainsi posée, l'aveugle n'est privé que de la perception des signes, mais que toutes ces notions restent accessibles à son intelligence, puisqu'en somme la vue est réduite à être un instrument de perception plutôt qu'un instrument d'entendement. » *Œuvres complètes de Thomas Reid,* chef de l'école écossaise, publiées par Th. Jouffroy, t. II. (Paris, A. Santelet et Cie, 1828.)

On consultera avec intérêt, sur cette question, *l'Intelligence* de M. H. Taine, t. II, ch. II.

1. A propos de ce souverain aveugle, ne peut-on pas citer aussi le prince de Monaco, Charles III, dont M. Stéphen Liégeard a excellemment dit : « Voilà certes une noble figure, bien faite pour tenter la plume après le crayon. La majesté de ce visage, où la souffrance ajouta sa pâleur mélancolique, n'est que le reflet d'une âme toute pétrie de rayons..... Quand la nuit se fit dans cette prunelle si prompte à pénétrer les cœurs, l'esprit, s'éveillant comme à une nouvelle aurore, parut s'éclairer de tous les feux dont les yeux restaient déshérités. Privé d'une compagne adorée, replié sur lui-même, le prince n'aperçut plus qu'un but, mais lumineux à travers les ténèbres : le bonheur de son peuple. Dès lors, les réformes appellent les réformes, les largesses succèdent aux libéralités..... »

Stéphen Liégeard, *la Côte d'azur* (La principauté de Monaco, p. 245).

Afin que les facultés demeurent intactes après comme avant la cécité, il faut, cela va sans dire, que la perte de la vue ne soit pas le résultat d'une affection cérébrale. La cause de la cécité et les conditions dans lesquelles elle s'est produite, tout est là; à quelque âge que l'aveugle ait été frappé, sa situation intellectuelle en dépend.

Il est vrai, l'aveugle de naissance restera privé de bien des notions que les yeux seuls peuvent donner; mais trop souvent on s'en exagère le nombre et l'importance. D'abord il y a relativement peu d'aveugles de naissance; ensuite je ne crois pas téméraire de soutenir que, philosophiquement, le sens de la vue n'a point la prépondérance qu'on est tenté de lui accorder *a priori*. L'ouïe et le toucher fournissent plus de connaissances, surtout plus de connaissances précises, que la vue, qui trompe souvent et qui a constamment besoin d'être contrôlée par le toucher, cette *vue de près*. L'ouïe met l'homme en communication directe avec ses semblables, par conséquent avec le monde moral et intellectuel[1]; le toucher, le goût,

1. Qu'on relise plutôt cette page de notre vieux Charron : « L'ouye est un sens spirituel, c'est l'entremetteur et l'agent de l'entendement, l'outil des sçavans et spirituels, capable

l'odorat et encore l'ouïe le mettent en relation avec le monde physique; qu'est-ce donc qui lui manque, et qu'est-ce que la vue ajoute aux connaissances intellectuelles? les notions de couleurs, de perspective, d'un certain beau physique. A part cela, il est réellement peu de

non-seulement des secrets et intérieurs des individus, à quoy la veue n'arrive pas, mais encores des espèces, et de toutes choses spirituelles et divines, ausquelles la veue sert plustôt de destourbier * que d'ayde, dont il y a eu non-seulement plusieurs aveugles grands et sçavans, mais d'autres encores qui se sont privés de veue à escient, pour mieux philosopher, et nul jamais de sourd. C'est par où l'on entre en la forteresse, et s'en rend-on maistre: l'on ploye l'esprit en bien ou en mal, tesmoin la femme du roi Agamemnon qui fut contenue au devoir de chasteté au son de la harpe **; et David qui, par mesme moyen, chassoit le mauvais esprit de Saül, et le remettoit en santé; et le joueur de fleutes qui amollissoit et roidissoit la voix de ce grand orateur Gracchus. Bref, la science, la vérité et la vertu n'ont point d'autre entremise ni d'entrée en l'âme, que l'ouye : voyre la chrestienté enseigne que la foy et le salut est par l'ouye, et que la veue y nuict plus qu'elle n'y aide; que la foy est la créance des choses qui ne se voyent; laquelle est, acquise par l'ouye : et elle appelle ses apprentifs et novices auditeurs, κατηχουμενους. « Encores adjousteroy-je ce mot, que l'ouye apporte un grand secours aux ténèbres et aux endormis, affin que par le son ils pourvoyent à leur conservation. Pour toutes ces raisons, les sages recommandent tant l'ouye, la garder vierge et nette de toute corruption, pour le salut du dedans comme pour la sûreté de la ville l'on faict garde aux portes et murs, affin que l'ennemi n'y entre. »

(Nouvelle édition avec les variantes, des notes et la traduction des citations *de la Sagesse,* trois livres par Pierre Charron, parisien chanoine théologal et chantre en l'église cathédrale de Condom. Page 50, livre I, chap. XII : *Du voyr, du ouyr et parler*).

* D'obstacle, d'empêchement, du latin *disturbare.*
** La musique produit aujourd'hui un effet tout contraire.

notions qu'un bon enseignement (c'est de rigueur) ne puisse donner à l'aveugle-né.

Si l'aveugle a vu jusqu'à huit ou neuf ans, et surtout si, enfant, son intelligence a été développée, il est absolument au niveau intellectuel des clairvoyants, puisqu'il possède les notions de couleurs [1], de perspective, etc., qui manqueront toujours à l'aveugle-né.

Il est déplaisant de se mettre soi-même en scène, mais cependant, lorsqu'on y est

1. A propos des couleurs, je citerai encore de Reid le passage suivant (p. 144) : « Pour ce qui regarde l'apparence des couleurs, un homme né aveugle doit y être plus embarrassé, parce qu'il n'a point de perception qui ressemble à celle-là. Cependant, par une sorte d'analogie, il peut en partie suppléer à ce défaut. Pour ceux qui voient, la couleur écarlate signifie une qualité inconnue dans les corps qui présente à l'œil une apparence qu'ils ont souvent observée. . . . .

Mais il peut concevoir que l'œil est affecté par une couleur différente, comme le nez l'est par une odeur différente et l'oreille par des sons différents. Il peut donc concevoir que l'écarlate diffère du bleu, comme le son d'une trompette diffère de celui d'un tambour, ou comme l'odeur d'une orange diffère de celle d'une pomme. Il est impossible de savoir si l'écarlate offre à mon œil la même apparence qu'à celui d'un autre homme; et si, par hasard, les apparences qu'elles présentent à différentes personnes étaient aussi dissemblables que la couleur l'est du son, aucune ne serait jamais en état de découvrir cette différence. Il suit de là évidemment qu'un aveugle de naissance peut parler assez pertinemment des couleurs, et répondre d'une manière assez satisfaisante à toutes les questions qu'on pourrait lui faire, touchant leur nature, leur composition, leurs nuances, leur éclat, pour faire oublier qu'il manque de l'organe qui donne aux autres toutes ces connaissances. »

amené, le plus simple est encore de monter tout bonnement sur les tréteaux : c'est ce que je fais.

J'ai perdu la vue à neuf ans, et j'affirme qu'aucune des notions dont je viens de parler ne m'est étrangère. Il faut dire que, fils de peintre, élevé dans un atelier de paysagiste, pendant de longues heures j'avais assisté à la manipulation des couleurs. Les mystères de la perspective ont été discutés cent fois devant moi ; et même, placé sur une petite table, que je vois encore dans un coin de l'atelier paternel, je m'étais, au grand préjudice de mon papier, évertué à faire tourner des ombres. Dans le premier cahier de Cassagne, il y a une certaine meule, connue sans doute de bien des gens, qui ne voulait à aucun prix prendre sous mon crayon la tournure que doit avoir une honnête meule, dans quelque pays que ce soit. Dieu me garde cependant de regretter les heures passées là, car aujourd'hui, où il y a plus de vingt ans que j'ai cessé de voir, je prends un véritable intérêt à entendre causer peinture, perspective, valeur, rapport de tons, etc., etc. Tous les ans j'ai soin de me faire expliquer les portraits, tableaux de genre, paysages principaux, depuis les plus *impressionnistes* jusqu'aux plus *pous-*

sinesques, et je lis attentivement les comptes rendus des diverses expositions. La description d'un site pittoresque a de l'intérêt pour moi; j'aime à savoir ce que l'on aperçoit du lieu où je me trouve, l'aspect du pays où je me promène, et ce n'est pas vaine curiosité; c'est parce que je me représente ce que l'on me dépeint. Il me semble alors que j'ai plus de plénitude de vie intellectuelle, que je m'identifie mieux avec les impressions des autres personnes. Je me représente toujours la forme, la proportion, la couleur des choses dont on me parle, les scènes qu'on décrit; et la poésie de Victor Hugo me plaît singulièrement par la coloration des images.

Cela prouve assez, il me semble, que ces diverses notions peuvent ne pas être étrangères à l'aveugle qui a perdu la vue à peine sorti de l'enfance. En somme, l'ouïe est un sens plus intellectuel que la vue, et j'estime que maintenant je serais mille fois plus séparé du monde pensant en perdant l'ouïe que jadis je ne l'ai été en perdant la vue. *Jadis* est mis avec intention, car aujourd'hui je prétends bien avoir une *vie intellectuelle aussi intense* que qui que ce soit.

Dois-je le dire (au risque de désappointer

quelques personnes toujours en quête de la pierre philosophale), les esprits amoureux de métaphysique ne sont guère plus abondants chez les aveugles que chez les clairvoyants [1]. La médiocrité intellectuelle, cette médiocrité si fade, si monotone, qui est le partage de l'immense majorité des humains, est aussi le lot de la plupart des aveugles.

Tout ce qui s'adresse à l'imagination a un singulier attrait pour eux; les récits historiques, les voyages et les œuvres purement lit-

1. Cependant il y a des aveugles amateurs de philosophie, et on lira peut-être avec intérêt ces lignes du journal inédit du philosophe Azaïs, écrite après une conversation avec des professeurs de l'institution des Jeunes-Aveugles de Paris : « 26 août 1842. — J'ai reçu aujourd'hui la visite de M. Dufour et de deux autres professeurs aveugles. Nous avons causé pendant plus de trois heures. J'étais vivement animé par la profonde intelligence avec laquelle j'étais entendu; c'est une chose merveilleuse que d'être ainsi compris sur les sujets les plus philosophiques par des hommes privés du sens de la vue, par conséquent ne devant avoir que des idées au moins très incomplètes de tous les effets que la lumière produit, effets qui se mêlent à tout dans l'univers; sans doute la perfection du sens de l'ouïe et de celui du toucher développe et applique leur conception intellectuelle de manière à lui faire acquérir des notions supplémentaires en harmonie avec celles qu'elle reçoit directement. Ce qu'il y a de certain, c'est qu'en leur exposant des raisonnements très forts sur des sujets très étendus, on se surprend sans cesse oubliant que l'on parle à des aveugles, tant on voit que l'on est parfaitement suivi jusque dans les plus petits détails de développement et de démonstration. Je n'ai jamais obtenu d'hommes clairvoyants une satisfaction intellectuelle plus prononcée, mieux motivée et plus franchement exprimée. »

téraires enthousiasment, je crois, beaucoup plus l'écolier aveugle que l'écolier clairvoyant. Dans nos écoles spéciales, les cours d'histoire, de géographie et de littérature sont suivis par les élèves un peu intelligents avec un entrain remarquable. Les aveugles ont une passion pour la lecture faite à haute voix[1], et je me souviens que nous aurions commis des bassesses auprès de nos maîtres d'étude chargés de nous faire le jeudi et le dimanche une heure de lecture réglementaire, pour obtenir d'eux qu'ils n'entendissent pas sonner l'horloge. Surtout lorsque nous lisions dans Thiers la campagne d'Italie ou celle de France, quand

1. Dans *Paris, ses organes, ses fonctions, sa vie*, Maxime du Camp avait déjà dit combien les aveugles aiment la lecture. Il est revenu sur cette observation au cours de son beau livre sur *la Charité privée à Paris*, à propos de l'Imprimerie des Sœurs aveugles de Saint-Paul. Il a beaucoup insisté sur la nécessité de fournir aux aveugles une large part de lecture, et la parole si persuasive et si autorisée de l'éminent académicien n'a pas peu contribué à rendre possible la fondation de la *Bibliothèque Braille*. Cette bibliothèque prête, aux aveugles français et étrangers, des livres en relief imprimés et manuscrits. Des personnes intelligentes et zélées (surtout des femmes), dont le nombre s'accroît chaque jour, se sont familiarisées avec l'écriture des aveugles et transcrivent pour eux des livres de tout genre. En outre, on imprime à l'usage des aveugles un bulletin mensuel et une revue paraissant tous les huit jours, publications qui les mettent au courant de tout ce qui peut les intéresser. S'adresser à l'Association Valentin Haüy pour le Bien des aveugles, Paris, 9, rue Duroc. Voir Appendice.

nous étions au cœur de la *Jérusalem délivrée*, de *Cinna* ou de *Britannicus*, on aurait entendu voler une mouche, et sauf quelques imbéciles qui dormaient paisiblement, tout le monde était captivé.

Un maître d'étude qui lit bien, fait tout ce qu'il veut des écoliers aveugles; il a en son pouvoir un philtre puissant dont rien ne saurait rompre le charme.

La poésie est une des idolâtries des aveugles; plus des deux tiers des livres qu'ils écrivent pour leur bibliothèque particulière sont des recueils de vers. Je l'ai souvent remarqué, les aveugles ont une passion pour la poésie : heureux quand cette passion se borne à lire, à copier et à apprendre par cœur les vers des autres. Mais la calamité devient plus grande, quand ils ne peuvent satisfaire pleinement cette passion qu'en versifiant eux-mêmes.

Ce n'est pas que de parti pris je jette la pierre à tous ceux qui font des vers; non certes, il me faudrait lapider trop d'honnêtes gens. Mais il me semble qu'il n'est permis d'écrire en vers que quand on peut le faire excellemment; on voit que je ne pratique pas le même exclusivisme à l'égard de la prose.

Je crois d'ailleurs que l'aveugle peut être

poète et grand poète. Cela a été déjà contesté; on a dit : « Il est impossible que la poésie de l'aveugle soit une vraie poésie, parce qu'il est privé du spectale de la nature, l'un des plus grands ressorts de l'imagination poétique. » Mais ne lui reste-t-il pas intact tout le domaine des sentiments moraux? c'est un champ vaste et qui a du fond, il peut être creusé. Et puis dans la nature, s'il y a la poésie de ce qui se voit, n'y a-t-il pas aussi celle de ce qui se touche, de ce qui se sent et de ce qui s'entend? La poésie si pénétrante des sons et des odeurs [1],

1. C'est M. Brunetière qui disait, dans une de ses fines et profondes études : « Si de tous nos sens l'odorat est le plus grossier, c'est-à-dire celui qui nous rapproche le plus de l'animal, peut-être est-il aussi le plus suggestif, parce que c'est celui dont les impressions demeurent le plus étroitement liées aux circonstances de leur cause :

> Lecteur, as-tu quelquefois respiré
> Avec ivresse et lente gourmandise
> Ce grain d'encens qui remplit une église,
> Ou d'un sachet le musc invétéré?
> Charme profond, magique, dont nous grise
> Dans le présent le passé restauré.
>
> BAUDELAIRE.

Voilà de mauvais vers, continue M. Brunetière, mais qui disent toutefois quelque chose. Ni le son ni la vue ne sont capables comme une odeur de ressusciter en nous le passé. Convenons donc de bonne volonté que quelques-unes des meilleures pièces des *Fleurs du mal,* uniquement composées, si je puis ainsi dire, avec des odeurs, valent pour cela la peine qu'on les lise ou qu'on les respire. Tels sont : *le Flacon, la Chevelure, Correspondance, Parfum exotique ;*

de ces impressions en quelque sorte magnétiques que la nature nous donne à certains jours, à certaines heures, que ce soit dans une forêt, sur une montagne, au bord de la mer ou d'un ruisseau? Impressions sous lesquelles notre être se met à vibrer, sans pouvoir bien expliquer pourquoi ni comment, mais qui, l'étreignant de toutes parts, lui font entonner en prose, en vers ou en musique un de ces chants de joie, d'amour, d'action de grâces; quelquefois de tristesse, qui ne sont et ne peuvent être que de la poésie et de la plus vraie.

Sans doute l'aveugle qui viendra nous peindre un coucher de soleil, un paysage quelconque, sera ridicule s'il le fait en prose et abso-

> Guidé par ton odeur vers de charmants climats,
> Je vois un port rempli de voiles et de mâts,
> Encor tout fatigués de la vague marine;
> Pendant que le parfum des verts tamariniers,
> Qui circulent dans l'air et m'enflent la narine,
> Se mêle dans mon âme aux chants des mariniers.
>
> BAUDELAIRE.

Quel éveil de sensations ne produisent-ils pas aussi chez l'aveugle, ces vers de la *Psyché* de Victor de Laprade :

> Le matin, rougissant dans sa fraîcheur première,
> Change les pleurs de l'aube en gouttes de lumière,
> Et la forêt joyeuse, *au bruit des flots chanteurs,*
> *Exhale, à son réveil, ses humides senteurs.*
> . . . .
> *Des rameaux par la brise agités doucement*
> *Le murmure et l'odeur s'épanchent sur sa couche.*

lument insupportable si c'est en vers qu'il écrit. Mais qu'on relise ces strophes de Lamartine, et l'on verra qu'il y a tout un côté de la nature accessible à l'aveugle :

J'aimais les voix du soir dans les airs répandues,
Le bruit lointain des chars gémissant sous leur poids,
Et le sourd tintement des cloches suspendues
Au cou des chevreaux dans les bois.

Ou ceux-ci :

Si tu pouvais jamais égaler, ô ma lyre,
Les doux frémissements des ailes du zéphire
A travers les rameaux,
Ou l'onde qui murmure en caressant ses rives,
Ou le roucoulement des colombes plaintives
Jouant au bord des eaux [1].

1. Il serait facile de multiplier les citations de ce genre; on n'a qu'à feuilleter les œuvres d'Hugo, de Lamartine, de Laprade, *le Bonheur* de Sully Prud'homme, et l'on fera une abondante moisson. Voici quelques vers de ce genre :

Entends ces mille voix d'amour accentuées,
Qui passent dans le vent, qui tombent des nuées,
Qui montent vaguement des seuils silencieux,
Que la rosée apporte avec ses chastes gouttes,
Que le chant des oiseaux te répète, et qui toutes
Te disent à la fois : Sois pure sous les cieux!
Victor Hugo, *Regard jeté dans une mansarde*.

Ou encore ceux-ci :

Oh, dites-moi, ravins, frais ruisseaux, treilles mûres,
Rameaux chargés de nids, grottes, forêts, buissons,
Est-ce que vous ferez pour d'autres vos murmures?

N'est-ce pas de la poésie, et de la plus pénétrante? Si assurément, ce filon a été peu exploité, il est d'or cependant, et nul ne saurait le suivre mieux qu'un poète aveugle. Un aveugle pouvait écrire ces vers charmants; mais il fallait qu'il fût un poète, un Lamartine. Mais Lamartine n'avait nullement besoin de voir pour sentir, pour comprendre et pour exprimer ainsi la nature.

De la poésie à la musique, cette poésie des sons, il n'y a qu'un pas. Parmi les aveugles, ceux qui n'aiment pas la musique forment une très faible exception. Leur oreille, toujours attentive au moindre bruit, au moindre son, quel qu'il soit, arrive à apprécier avec exactitude le rapport des sons entre eux, quant à leur degré d'acuité et quant à leur durée, c'est-à-dire l'intonation et le rythme. Or tout est là pour constituer des aptitudes musicales. Quand il s'agit de composer ou d'exécuter soi-même, il y a d'autres éléments requis dont nous parlerons plus tard.

Est-ce que vous direz à d'autres vos chansons?
Nous vous comprenions tant! doux, attentifs, austères
Tous nos échos s'ouvraient si bien à votre voix!
Et nous prêtions si bien, sans troubler vos mystères,
L'oreille au mot profond que vous dites parfois.

VICTOR HUGO, *Tristesse d'Olympio.*

On raconte que La Motte-Houdard (devenu aveugle) dit un jour à un jeune poète qui venait de lui lire une de ses tragédies : « Votre pièce est fort belle et j'ose vous répondre du succès. Une seule chose me fait de la peine, c'est que vous vous soyez rendu coupable de plagiat. — Comment, monsieur, de plagiat! — Oui, et pour vous prouver combien je suis sûr de ce que je vous dis, je vais moi-même vous réciter la seconde scène de votre quatrième acte que j'ai apprise autrefois par cœur. » La Motte récite cette scène sans y changer un seul mot. On se regarde, on ne sait que penser; l'auteur surtout reste déconcerté. Quand le poète *mémoratif* eut un peu joui de l'embarras du jeune auteur, il lui dit : « Remettez-vous, monsieur; la scène que je viens de réciter est de vous, sans doute, mais elle mérite d'être apprise et retenue de tous les amateurs, et c'est ce que j'ai fait en vous l'entendant lire. » C'est assurément un puissant effort de mémoire; La Motte devait-il le développement extraordinaire de cette faculté à la cécité? j'en doute fort. Il lui fallait une aptitude spéciale dans le genre de celle qui permettait à Pline l'Ancien de réciter plusieurs centaines de nombres n'ayant entre eux aucune liaison et qui ne lui avaient été lus qu'une ou deux fois [1]. Mais ce qui est certain, c'est que la nécessité faite aux aveugles de confier beaucoup de choses à leur mémoire est propre à développer cette faculté maîtresse pour eux.

Il me semble cependant que les écoliers aveugles de la génération actuelle n'accomplissent plus des prodiges tels que ceux qui nous sont rapportés par la tradition. J'ai connu un vieux professeur aveugle qui avait dans sa tête plusieurs centaines de morceaux de musique de tout genre. Telle autre, c'était une femme, savait par cœur une foule de tragédies classiques et retenait à une simple lecture les passages les plus compliqués, les imbroglios les plus inextricables d'histoire politique ou diplomatique.

C'était à une époque où les aveugles écrivaient peu; dans leur enseignement, la méthode orale avait bien plus d'importance que la mé-

1. Il paraît que Villemain répétait un discours après l'avoir entendu. Mozart a écrit le *Miserere de la chapelle Sixtine* après deux auditions. Jacotot disait que toutes les mémoires sont les mêmes et que les différences ne viennent que de la culture; cela semble étrange si l'on songe que dans l'école d'Earlswood un imbécile peut répéter exactement une page de n'importe quel livre lu bien des années auparavant et même sans le comprendre; un autre sujet peut répéter à rebours ce qu'il vient de lire comme s'il avait sous les yeux une copie photographique des impressions reçues

thode écrite, et sans nul doute la privation de livres, l'obligation pour le maître de presque tout savoir par cœur, et celle pour l'élève de tout apprendre de la bouche du professeur qui ne pouvait pas, comme un livre, être toujours à la portée de l'écolier, obligeaient maîtres et élèves à des efforts de mémoire qu'ils ne font plus aujourd'hui. Malgré cela, l'aveugle est toujours obligé de se servir de sa mémoire plus que le clairvoyant, et il s'en acquitte ordinairement bien.

CHAPITRE III

LE MORAL

Le portrait moral de l'aveugle est difficile à esquisser avec vérité. La raison en est simple : pas plus qu'une autre classe d'individus, groupés à cause d'une parité physique (myopie, presbytisme), ou extérieure à la personnalité (occupation, métier), l'aveugle n'est une abstraction, un être *à part* coulé dans un moule *déposé*, qui donne une idée exacte de tous les exemplaires qui en ont été tirés.

Sans doute, il me serait aisé de dire : « Vous n'avez pas été sans lire ou sans entendre faire le portrait de l'aveugle : eh bien, ce portrait est mauvais; grattons-le, et je vais vous en brosser un parfaitement ressemblant. » Je serais cru, et cependant je manquerais d'honnêteté, car ma toile pourra être le portrait très sincère d'un aveugle : elle ne sera jamais celui de l'Aveugle...

Entrons dans une école spéciale, prenons-le devant son pupitre (ce sanctuaire de l'écolier), là il est le plus *lui*, parce que, en quelque sorte, il est *chez lui* ; prenons ce blondin à la physionomie bonne et ouverte; il est, vous diront ses maîtres et ses camarades, doux, franc, enjoué, sociable; son voisin de droite, dont la tignasse noire est aussi hérissée que le règlement le tolère et dont la physionomie est passablement renfrognée, se trouve, au dire de tout le monde, depuis le portier jusqu'au directeur de l'école, concentré, brusque et sauvage. Cela n'empêche pas le voisin de gauche de notre premier écolier d'être tout différent de ses deux condisciples. Ils sont pourtant tous trois aveugles et bien aveugles. Prenons-en dix, prenons-en vingt et ce sera toujours la même chose. Nous retrouverons des spécimens des principaux caractères connus, mais différenciés presque à l'infini par ces mille nuances qui distinguent chaque individu. Pour un bon écrivain, dit-on, il n'est pas deux mots parfaitement synonymes; je l'admets volontiers, mais je demanderai si l'on pense qu'aux yeux d'un fin observateur, la synonymie se rencontre plus dans l'humanité que dans la langue.

Les aveugles, comme toutes les minorités, sont synonymisés à outrance. Bien mieux, de grands raisonneurs se sont occupés d'eux; ils ont procédé par théorie; un principe a été posé, puis on en a déduit une foule de conséquences auxquelles il est impossible d'échapper. Certains philosophes ayant dit que toutes nos idées viennent des sens et que, par conséquent, un sens de plus ou de moins change totalement l'individu, il a été décidé (toujours par raisonnement) que l'aveugle, ayant un sens de moins, devait penser, sentir et agir de telle ou de telle manière. L'arrêt est absolu, sans appel et universel, comme tous les arrêts de ce genre.

Laissons là ces principes fondamentaux de la connaissance, et plaçons-nous uniquement sur le terrain des faits [1].

Les faits! Tout le monde en parle aujourd'hui; tout le monde prétend au rôle d'observateur; les aveugles ont donc été examinés

1. La question est des plus graves. En effet, si la cécité a, dans l'ordre moral et intellectuel, des conséquences aussi radicales que, dans l'ordre physique, celle d'enlever la perception de la lumière, il faut dès lors que les aveugles diffèrent radicalement des clairvoyants.

comme tout le reste. Seulement, à lire le résultat de certaines observations, on voit qu'on a procédé pour eux comme pour un animal bizarre dont on cherche à pénétrer les motifs d'action. L'objet observé ne pouvant, dans ce cas, aider en rien l'observateur, c'est la perspicacité, c'est la puissance d'induction de celui-ci qui doit jouer le principal rôle. L'œil collé à la lunette d'un microscope, ou la tête penchée sur l'orifice d'une fourmilière, il passe des heures à considérer tel ou tel mouvement, telle marche ou contremarche; tout est soigneusement noté; puis on en imagine à loisir la cause et le but. C'est très bien : ainsi on arrive sûrement à une vérité plus ou moins mêlée d'erreur; mais que faire? Il n'existe pas d'autre moyen de procéder.

Quand il s'agit, au contraire, d'étudier des hommes, qu'ils voient ou qu'ils ne voient pas, on peut s'y prendre autrement. On est en présence d'un être moral; il importe de s'en souvenir. Sans doute, il est bon de l'observer, quelquefois de l'observer silencieusement et même à son insu, afin de surprendre ses actes dans toute leur spontanéité; mais il ne faut considérer ce procédé que comme préparation ou vérification de l'observation sérieuse, véritable, qui doit se faire avec le concours très actif de l'être moral observé. Pour cela, il faut le voir longuement, vivre avec lui et de sa vie, l'interroger, causer amicalement afin de le voir tel qu'il est et de ne pas effleurer seulement sa surface. Cette observation ne doit pas porter non plus sur un seul individu, mais bien sur un grand nombre. C'est alors qu'on peut se flatter de connaître expérimentalement son sujet et que, chez les aveugles, par exemple, on voit tous les caractères exister dans leurs multiples nuances.

Si vous avez déjà lu quatre lignes traitant des aveugles, certainement vous avez vu des affirmations de ce genre : l'aveugle est égoïste, orgueilleux, personnel; ou bien encore : l'aveugle est gai, l'aveugle est triste, etc. J'attaque énergiquement ces affirmations, non parce qu'il en est de peu flatteuses pour mes héros, mais parce qu'il serait tout aussi raisonnable de dire : l'aveugle est grand, petit, blond, brun, pauvre, riche. Je condamne absolument cette rédaction. Il faut dire : Il y a des aveugles égoïstes, orgueilleux, personnels, et j'ajouterai même volontiers à cette nomenclature une longue série d'adjectifs non moins flatteurs pour le substantif qu'ils qualifient. Mais le point important à éclairer est celui-ci : les aveugles chez lesquels on a remarqué cet ensemble de défauts, les ont-ils parce qu'ils sont aveugles ou pourraient-ils ne pas les avoir? En un mot, la cécité a-t-elle pour conséquence inévitable de vous rendre orgueilleux, égoïste, personnel, ingrat, etc., oui ou non? telle est la question. Je réponds : Non. Et voici la raison de mon opinion : beaucoup trop d'enfants aveugles, comme la plupart des enfants disgraciés par la nature, reçoivent dans leurs familles, plus tendres qu'éclairées, une déplorable éducation. Cherchons donc là, ainsi que dans certaines dispositions naturelles que tout homme (aveugle ou clairvoyant) apporte en naissant, la cause des défauts dont nous venons de parler. Elle est là, et point ailleurs.

Il est rare à la vérité que l'enfant aveugle trouve dans sa famille pauvre ou riche une bonne éducation. Parfois on le méprise, on le relègue dans un coin, et il souffre matériellement ou moralement; dans bien des cas, matériellement et moralement tout ensemble. Parfois, au contraire, il est choyé, adulé; tous les membres de la famille sont à ses pieds, chacun se plie à ses moindres caprices [1]; on a des

1. Dans un roman d'éducation un peu oublié peut-être,

excuses pour ses plus grosses sottises, des admirations béates pour tout ce qu'il fait de passable; et comment voudrait-on qu'un enfant ainsi élevé ne devînt pas insupportable? Une semblable éducation donnée à un enfant doué de deux bons yeux ne produit-elle pas tous les jours des effets identiques? Il ne faut donc pas dire : la cécité rend orgueilleux, et le reste; mais bien : la cécité n'est pas un talisman contre l'orgueil, l'égoïsme et les autres défauts de l'humanité.

Il est en vérité bien ingrat d'avoir à parler de gens qui n'ont rien de merveilleux; le merveilleux séduit toujours, en mal comme en bien. Un écrivain est sauvé dès qu'il peut dire : « Les individus dont je parle sont prodigieusement extraordinaires. » Sans cela, en effet, à quoi bon parler, et mieux, à quoi bon écrire?

L'aveugle a cependant quelques tendances de plus que tout le monde à aimer l'ordre, du moins dans les meubles, dans les objets encombrants; car, pour les petites choses, si je connais

Mme Guizot fait un excellent portrait de l'enfant aveugle, intelligent, bien doué sous tous les rapports, mais rendu insupportable par les folles gâteries d'une mère trop tendre. (Voy. *l'Écolier ou Raoul et Victor*, par Mme Guizot, ouvrage couronné par l'Académie française, 17e édition, Paris, Didier.)

des aveugles rangés, j'en connais d'autres qui ont un désordre à rendre jaloux le plus désordonné des clairvoyants. C'est que l'ordre s'impose à lui à chaque pas, à chaque minute de son existence. Comme il n'a pas la vue pour savoir à distance où est un livre, un outil cherché; pour éviter un meuble, un siège, un obstacle quelconque placé en travers de son passage, il en résulte qu'il est obligé d'affectionner l'ordre.

Une maison toujours dérangée n'est agréable pour personne; elle est particulièrement désagréable pour l'aveugle, dont la locomotion deviendra pénible et hésitante si, à chaque instant, les meubles encombrants sont changés de place.

Diderot, dans sa trop fameuse [1] *Lettre sur les aveugles à l'usage de ceux qui y voient*, dit de l'aveugle du Puyseau (le seul aveugle observé par lui et sur lequel il a échafaudé tous ses raisonnements) qu'il travaillait la nuit, parce que rien ne le dérangeait, et que sa femme trouvait le matin les objets parfaitement en place. Pour moi, cela ne prouve que deux choses : 1° que

1. Voy. *Lettre sur les aveugles, à l'usage de ceux qui y voient.* (Londres, 1749, p. 44; Œuvres choisies de Diderot, précédées de sa vie, par Mme DE VANDEUL, et d'une Introduction par François Tulou. T. I, Paris, Garnier frères.)

l'aveugle du Puyseau devait être un homme bizarre, avec lequel je préfère n'avoir pas eu à vivre; 2° que sa femme était une personne bien gênante, puisque la nuit seulement ce pauvre diable de liquoriste avait assez de tranquillité pour faire sa cuisine.

La cécité prédispose aussi à l'observation. Quand on ne voit pas, et qu'on veut tirer bon parti de ses autres facultés, on est obligé d'analyser, de raisonner davantage toutes les perceptions, toutes les impressions. Cette nécessité de la réflexion amène un certain nombre d'aveugles à une vie intérieure assez intense. Le sérieux de l'individu y gagne sans doute, mais quelquefois cela pousse à la concentration.

Il est généralement admis que l'aveugle est gai et le sourd triste... Or, pour celui qui connaît bien les aveugles, il est évident que cette gaieté, remarquée par tant de personnes est plus subjective qu'objective; je m'explique. Lorsqu'on va voir un aveugle ou des aveugles, on s'attend, n'est-il pas vrai, à trouver des êtres lugubres et lamentables, déplorant dans de perpétuelles et larmoyantes élégies le malheur d'être privé du spectacle de la voûte azurée, du soleil, de la lune, des étoiles et de toutes les autres choses qui font partie d'une classique description de la nature. On prépare donc à cet effet une bonne provision de pitié et de consolation; et puis on s'aperçoit que ce n'est pas cela du tout : on se trouve en présence d'un enfant ou d'un homme, comme tant d'autres, qui vous parle de toute espèce de choses, excepté de sa cécité, à laquelle il ne pense qu'à certains moments, quand par exemple il laisse tomber un objet roulant qui échappe longtemps à ses recherches.

Le sculpteur aveugle Vidal [1] prétend que la vue n'est utile que pour ne pas se heurter dans une brouette. Ce naturel surprend, et le superflu de la sensibilité que le prévoyant observateur de l'aveugle avait amassé en réserve, n'ayant pas à se dépenser, fait trouver l'aveugle gai. Souvent aussi un parallèle est établi entre la gaieté de l'aveugle et la tristesse du sourd. Eh bien! n'est-ce pas toujours à peu près la même cause? Au premier abord, l'aspect du sourd-

1. Louis Vidal, élève de Rouillard, puis de Barye, devint aveugle à vingt-deux ans. Sans se laisser abattre par la cécité, il continua à travailler, et il fut un des principaux sculpteurs animaliers de Paris. Il exposa fréquemment au Salon et fut plusieurs fois médaillé. Des réductions en bronze ont été faites de ses principales œuvres; on peut en voir plusieurs au Musée de l'Association Valentin Haüy, Paris, 9, rue Duroc. Vidal est mort en 1892.

muet est en général beaucoup plus agréable que celui de l'aveugle; un visiteur qui parcourt pour la première fois une école de sourds-muets et une école d'aveugles se trouvera bien moins dépaysé chez ceux-là que chez ceux-ci. L'enfant sourd-muet ressemble physiquement à tous les enfants; vous vous approchez d'un sourd sans appréhension, parce qu'à le voir, rien ne vous indique son infirmité, tandis que rarement la cécité ne s'aperçoit pas à quelque distance; presque toujours les paupières closes de l'aveugle ou ses yeux atrophiés vous causent une impression triste et même pénible; mais cette première impression surmontée, plus vous avancerez dans la connaissance d'un aveugle, plus vous serez à votre aise, parce que vous sentirez bientôt toute barrière tomber entre lui et vous; et si cet aveugle est un homme d'esprit, vous finirez par oublier complètement, dans votre entretien, la cécité de votre interlocuteur. Pour le sourd-muet, au contraire, les impressions sont absolument inverses. Plus vous resterez en sa présence, plus sa *surdimutité* pèsera sur vous. S'il est insupportable de causer avec quelqu'un qui parle trop, la conversation ne laisse pas que d'être au moins pénible avec quelqu'un qui ne parle pas du tout, ou, s'il s'agit d'un simple sourd, avec quelqu'un qui fait répéter chaque mot ou qui comprend tout de travers. Il résulte de ce parallèle, fait au moins implicitement, un brevet général de gaieté donné en bloc à tous les aveugles.

La vérité est que les aveugles ne sont pas, par la cécité, nivelés sous le rapport du caractère. En ne vivant qu'avec des aveugles, on pourrait parfaitement avoir des échantillons de toutes sortes d'humeurs, depuis les plus mélancoliques, les plus sérieuses, jusqu'aux plus gaies et aux plus insouciantes. Je connais un grand nombre d'aveugles; j'en connais de jeunes, j'en connais de vieux, j'en connais d'intelligents, j'en connais de très ordinaires; or j'ai rencontré chez eux un peu de tout. Il y a des natures charmantes, fines, délicieuses, de ces êtres que l'on aime dès qu'on les connaît; j'en sais d'acariâtres, de prétentieux, d'insupportables. Il y en a de doux, il y en a d'emportés, il y en a de modestes, remplis de mérite et pourtant ne parlant jamais de soi. Il y en a de très communs et cependant fort infatués de leur personne; il y en a qui se font aimer partout et qui sont aimables pour tout le monde; il y en a qui ont le secret de ne se faire apprécier de personne et qui trouvent toujours les autres parfaitement désagréables. En un mot, et pour conclure, il faut choisir parmi les aveugles comme parmi les clairvoyants, ni moins, ni plus, et j'espère qu'en me voyant avouer sans aucun détour que mes héros ne valent, par leur nature, pas plus que les autres hommes, on me croira lorsque j'affirmerai qu'ils ne valent pas moins.

Ai-je réussi à donner une idée exacte du physique, de l'intellect et du moral des aveugles? Puis-je espérer que si, demain, un de mes lecteurs voit entrer chez lui un aveugle *bien élevé*, il n'aura pas l'appréhension de se trouver en face d'un être extraordinaire à tous égards, forcément gauche, maladroit, embarrassé et embarrassant, d'un être sombre, bizarre, ne sentant pas, ne raisonnant pas, ne pensant et ne parlant pas comme tout le monde, d'un être ayant une vie matérielle, morale et intellectuelle absolument à part, d'un être enfin pouvant bien inspirer de la curiosité, de la compassion, mais auquel il faut tout donner, dont on ne saurait rien recevoir d'utile ni d'agréable, sinon des remerciements, à condition toutefois qu'il ne soit pas ingrat?

Si donc j'ai su restituer à l'aveugle sa véritable physionomie[1], on me suivra sans aucune appréhension dans l'intérieur d'une école spéciale, et après avoir vu ce que sont les aveugles qu'on instruit, nous pourrons étudier comment on les instruit.

Mais comme on ne saurait toucher à l'instruction des aveugles sans parler de son créateur, Valentin Haüy, je crois utile et intéressant d'esquisser d'abord le portrait du grand philanthrope.

1. Les personnes qui désirent poursuivre cette étude psychologique pourront en trouver les éléments dans l'ouvrage : *Les Sœurs aveugles, la Psychologie de la femme aveugle et la Communauté des Sœurs aveugles de Saint-Paul*. En vente à l'Association Valentin Haüy, 9, rue Duroc, Paris.

DEUXIÈME PARTIE

VALENTIN HAÜY

ET

SON ŒUVRE

CHAPITRE PREMIER[1]

ENFANCE ET VOCATION

Lorsqu'à Paris vous allez, par le boulevard des Invalides, de la Seine à la gare de Bretagne, vous longez une longue file de murs hauts et monotones qui cachent discrètement les jardins des établissements d'assistance ou d'éducation, nombreux dans ce quartier. Une large grille coupe la dernière de ces ennuyeuses murailles, laissant voir au milieu d'une vaste cour la statue en pied d'un homme d'une quarantaine d'années, coiffé en catogan et portant l'habit à la française. Devant lui est un enfant. Sur le socle ces mots : Valentin Haüy, 1745-1822.

1. Ceci est un portrait, non une histoire de Valentin Haüy. Depuis longtemps je réunis sur ce grand philanthrope nombre de documents inédits. Un jour peut-être je compléterai cette esquisse.

Ne passez pas indifférent. Saluez l'homme providentiel des aveugles.

C'est dans un bourg de Picardie, Saint-Just-en-Chaussée, que naquit Valentin Haüy. Son père, tisserand en toile, était pauvre et, deux ans avant, avait déjà fait baptiser un garçon, René-Just, qui devait être le célèbre abbé Haüy, créateur de la cristallographie.

Le brave tisserand besognait de l'Angelus au couvre-feu, pour gagner le pain de la maisonnée; vaillante aussi était sa femme; cependant, sans l'intervention de bons moines du voisinage, il est probable que les deux garçonnets n'eussent jamais appris qu'à manier la navette paternelle.

Aux environs de Saint-Just était une abbaye de Prémontrés; souvent le petit René y assistait aux offices, qui étaient fort beaux. Son attitude recueillie, son minois intelligent, attirèrent l'attention du prieur, qui se chargea de l'instruire.

Valentin prit promptement le chemin de la même école; les deux enfants travaillèrent bien. Saint-Just n'étant qu'à une vingtaine de lieues de Paris, ils purent, grâce au dévouement de leur courageuse mère et à quelques recommandations, terminer leurs études à la capitale. Dès 1764, à vingt-un ans, René était régent de quatrième au collège du Cardinal-Lemoine, où il se lia très intimement avec le bon Lhomond.

Valentin, aidé par la modeste influence de son aîné, étudia les langues vivantes et la calligraphie; il réussit à gagner de quoi vivre en donnant des leçons et en traduisant des dépêches pour les Affaires étrangères.

Chacun sait qu'à cette époque l'amour philosophique de l'humanité était à l'ordre du jour; on cherchait, on rêvait toutes sortes de régénérations sociales. Rousseau et Diderot étaient sur un trépied; leurs paroles étaient des oracles. La *Lettre sur les aveugles, à l'usage de ceux qui y voient*[1], très lue et très commentée, mettait les aveugles en évidence.

On se préoccupait aussi des sourds-muets, car, faisant mieux que *philosopher*, l'abbé de l'Épée avait créé, près de Saint-Roch, la première école de sourds-muets.

La fondation de la Société philanthropique remonte aussi à cette époque [2].

1. *Lettre sur les aveugles à l'usage de ceux qui voient* (Londres, 1749), *Lettre sur les sourds-muets à l'usage de ceux qui entendent et qui parlent* (Amsterdam, 1772), par Diderot.

2. Dans la première notice publiée par cette Société en 1785,

Valentin Haüy, cœur tendre et généreux, esprit quelque peu utopiste, était en tout un enfant de son siècle. C'est ainsi que nous le représentent son costume et ses écrits; en 1780 il ne pouvait pas ne pas être philanthrope avec Lavalette, de Langes, le vicomte de Tavannes, Lecamus de Pontcarré [1], etc., comme, en 1796, il fut théophilanthrope avec Chemin-Dupontès, Dupont (de Nemours), Bernardin de Saint-Pierre et La Révellière-Lépeaux. En lui, l'abbé de l'Épée avait un auditeur assidu, un profond

on lit les lignes suivantes : « La Société philanthropique est la réunion de plusieurs personnes qui, animées par le goût de la bienfaisance, s'occupent à secourir par le concours de leur fortune ou de leurs lumières la vertu indigente et souffrante; un des premiers sentiments que la nature a gravé dans le cœur de l'homme de tous les pays et de tous les cultes, c'est cet intérêt involontaire qu'inspire l'aspect d'un malheureux. Par suite de cette affection, un des principaux devoirs de l'homme est donc de concourir au bien de ses semblables, d'étendre leur bonheur, de diminuer leurs maux et par là de prévenir les désordres et les crimes qui ne sont trop souvent qu'une suite de l'abandon et du désespoir. Certainement un pareil objet est dans la politique de toutes les nations, et le mot de philanthrope paraît le plus propre à désigner les membres d'une société particulièrement consacrée à remplir ce premier devoir du citoyen. » Elle assistait : 1° les octogénaires; 2° les aveugles-nés; 3° les femmes en couche de leur sixième enfant légitime; 4° les veufs ou veuves chargés de six enfants légitimes; 5° les pères et mères chargés de neuf enfants; 6° les ouvriers estropiés (même notice, p. 6).

1. Centenaire de la Société philanthropique, notice historique et rapport par M. le vicomte d'Haussonville, 1880, Paris.

admirateur, presque un disciple; bientôt il allait avoir un émule.

Le feu sacré couvait dans l'âme du bureaucrate; il devait suffire d'un choc pour faire jaillir l'étincelle créatrice. Parmi les baraques qui, en 1771, faisaient l'ornement et les délices de la foire Saint-Ovide [1], il y en eut une montée par le sieur Valindin, *impresario* de génie à sa manière, dont le succès devait marquer dans les annales foraines [2]. Valindin avait réuni quelques aveugles qu'il présentait en charge à la foule badaude; celle-ci trouva la chose tellement de son goût, qu'elle faillit démolir la baraque dans son empressement, et que l'on fut obligé d'organiser autour un cordon de fusiliers.

Valentin Haüy vit l'affiche; il suivit la foule, et voici, dépeintes par lui-même, la scène à laquelle il assista et l'impression qu'il en ressentit [3] : « Il y a bientôt trente ans qu'un ou-

1. Voy. *Almanachs forains ou les différents spectacles des boulevards et des foires de Paris.* Imprimé à Paris, chez Valeyre, année 1773.

2. Cette foire se tint d'abord place Louis-le-Grand (place Vendôme) et fut ensuite transportée place Louis XV.

3. Selon Pasteur, « il y a dans la vie de tout homme un jour inoubliable où il a connu à plein esprit et à plein cœur des émotions si généreuses, où il s'est senti vivre avec un tel mélange de fierté et de reconnaissance, que le reste de son existence en est éclairé à jamais ».

trage fait *publiquement à l'humanité*, en la personne des *aveugles* des *Quinze-Vingts*, et répété tous les jours pendant près de deux mois, excitait la risée de ces hommes qui sans doute n'éprouvèrent jamais les douces émotions de la sensibilité.

« Au mois de septembre 1771, on avait placé dans un café de la foire Saint-Ovide dix aveugles choisis parmi ceux qui n'avaient que la triste et humiliante ressource d'aller mendier leur pain sur la voie publique, à l'aide d'un instrument, dont l'auditeur, doué d'une oreille délicate, et plus encore d'une âme sensible, s'empressait souvent de suspendre les sons, à l'aide d'une offrande qu'il eût désiré être le prix du talent.

« On les avait grotesquement affublés de robes et de longs bonnets pointus; on leur avait mis sur le nez de grosses lunettes de carton sans verre. Placés devant un pupitre qui portait de la musique et des lumières, ils exécutaient un chant monotone : car le chanteur, les violons et la basse faisaient entendre tous la même partie. C'était, sans doute, à l'aide de cette dernière circonstance qu'on prétendait justifier l'insulte que l'on avait faite à ces infortunés, en les environnant des emblèmes d'une sotte ignorance, en plaçant, par exemple, derrière leur coryphée, une queue de paon dans son étalage, et sur sa tête la coiffure de Midas.

« Pourquoi faut-il qu'une scène si déshonorante pour l'espèce humaine n'ait point péri à l'instant même de sa conception! Pourquoi la poésie et la gravure[1] prêtèrent-elles leur divin ministère à la publication de cette atrocité! Ah! sans doute, c'était pour que le tableau reproduit sous mes yeux, portant dans mon

1. « On a vendu chez Mondhar, rue Saint-Jacques, l'estampe représentant cette caricature, avec des vers analogues au bas. »

On trouve cette estampe à la bibliothèque nationale, en voici la description :

« Grand concert extraordinaire exécuté par un détachement des Quinze-Vingts au café des aveugles, foire Saint-Ovide, au mois de septembre 1771. »

Les aveugles, vêtus d'une manière comique, jouent de divers instruments, violons, contrebasses, etc., d'énormes lunettes posées sur le nez de l'un des musiciens, deux chandelles allumées, des cahiers de musique ouverts avec les notes tournées du côté des spectateurs complètent cet ensemble plaisant. Au-dessous, on voit un petit cartouche représentant un aveugle conduit par un chien, avec une chapelle dans le lointain, et on lit les vers suivants :

Vous tous à qui de plaire il est si difficile,
Apprenez qu'en ces lieux on donna du nouveau,
Que jamais autre part un spectacle plus beau
Ne fut aperçu dans la ville.
Il fut charmant d'ouïr ces aveugles chanter,
Et surtout de les voir fiers de leur encollure
Se disputer à qui donnerait mieux l'allure
Aux chansons que Paris vint en foule écouter.

cœur une affliction profonde, échauffât mon génie. Oui, me dis-je à moi-même, saisi d'un noble enthousiasme, j'y substituerai la vérité à cette fable ridicule, je ferai lire les aveugles; je placerai dans leurs mains des volumes imprimés par eux-mêmes. Ils traceront des caractères et reliront leur propre écriture. Enfin je leur ferai exécuter des concerts harmonieux.

« Oui, homme atroce, qui que tu sois, ces oreilles d'âne dont tu voulus dégrader la tête de l'infortuné, je les attacherai à la tienne[1]. »

En faisant cette exhibition, Valindin n'avait eu sans doute que le but mercantile d'augmenter le débit de sa guinguette par l'attrait d'une badauderie inédite; il contribua inconsciemment à susciter aux aveugles un régénérateur. Quand Haüy sortit de la baraque, sa voie était trouvée.

1. *Troisième note du citoyen Haüy, auteur de la manière d'instruire les aveugles*, ou court exposé de la naissance, des progrès et de l'état actuel de l'Institut national des Aveugles-Travailleurs au 19 brumaire an IX de la République française, entremêlée de quelques observations relatives à cet établissement. Signé : « Haüy, fondateur de l'établissement national des Aveugles-Travailleurs, membre du jury d'instruction publique et interprète de tous les gouvernements qui ont régi successivement la France ».

CHAPITRE II

PREMIER LIVRE EN RELIEF — PREMIÈRE ÉCOLE D'AVEUGLES

Longue fut la période d'incubation : plus de dix ans passèrent, pendant lesquels Haüy, avec un sens pratique, rare chez les enthousiastes, s'enquit des procédés employés par les aveugles privilégiés qui étaient arrivés à acquérir de l'instruction. Enfin, se sentant prêt à passer de la théorie à la pratique, vers la Pentecôte de 1784, il alla prendre son premier élève sous le porche de Saint-Germain des Prés. Là, se tenait dès l'ouverture des portes, tendant la main à tout venant, un jeune garçon aveugle (François Lesueur), dont la physionomie intelligente faisait un pénible contraste avec le rôle passif auquel il était réduit. Lesueur souffrait de cette situation; il comprit la parole du maître que la Providence lui envoyait et accepta ses leçons.

Mais François n'était pas seul à la maison; il y avait là-haut père et mère plus ou moins infirmes et de petits enfants; le produit de la sébile de l'aveugle était escompté à la mansarde. Donc, impossible au quêteur de devenir purement étudiant et de déserter le parvis pour l'école. Un compromis fut fait : le matin, François resterait fidèle à son pilier; l'après-midi se passerait chez Haüy. Mais bientôt celui-ci, voulant avoir son élève toute la journée, prit le parti de remplir lui-même la sébile avec ses économies. La moindre nouveauté de cet enseignement n'était pas certes de voir le maître payer un cachet à l'élève.

« Il n'y a rien de si aisé, a dit Biot, que ce que l'on a découvert la veille et de si difficile que ce que l'on doit découvrir le lendemain. » L'idée d'imprimer en relief est plus que toute autre du domaine des *truisms* de l'invention, comme diraient les Anglais. Tout d'abord, Lesueur lut en promenant les doigts sur des caractères mobiles en relief groupés en mots et en phrases. Le procédé était rudimentaire et se prêtait peu à la formation d'une bibliothèque. Un jour Lesueur, en fouillant dans les papiers amoncelés sur le bureau d'Haüy [1], trouva un billet d'invitation, qui, fortement foulé par le tympan, avait conservé en relief l'empreinte de certains caractères. Un O surtout était parfaitement tangible. Fier de sa trouvaille, l'aveugle appelle son maître et lui montre qu'il peut déchiffrer plusieurs lettres sur ce papier. Ce fut un trait de lumière pour l'esprit toujours en éveil d'Haüy. Aussitôt il traça avec le manche d'un canif à plumes d'oie quelques signes sur la même feuille. Lesueur les reconnut sans hésiter. L'impression en relief, la plus grande découverte de Valentin Haüy, était acquise; il ne restait plus qu'à trouver, au prix de bien des tâtonnements, le procédé pratique d'application, mais les recherches accessoires, les perplexités de l'inventeur ne comptent pas dans l'Histoire. Lesueur fit des progrès rapides; c'était la certitude remplaçant l'espérance : l'aveugle, même demeuré longtemps sans culture, était susceptible d'en acquérir. Mais Haüy prétendait faire école; pour cela, un élève, c'était peu; il pouvait être

1. Voy. *Notice sur l'établissement des jeunes aveugles,* « imprimée aux Quinze-Vingts, par M. Galliod, ancien élève de feu M. Haüy, inventeur des procédés pour l'éducation des aveugles » (Paris, 1828), p. 5.

un prodige, un phénomène; le fait n'était point concluant. La Société philanthropique, qui venait d'être fondée, comptait parmi ses patronnés douze aveugles. Haüy obtint de les prendre chez lui.

Après l'approbation des philanthropes, il importait d'avoir celle des savants. Précisément l'abbé Haüy venait d'entrer à l'Académie des sciences.

Pendant que Valentin déchiffrait les grimoires des Affaires étrangères, suivait les travaux de l'abbé de l'Épée et méditait l'amélioration du sort des aveugles, son frère René-Just, en compagnie du doux Lhomond, initiait les écoliers du *Cardinal-Lemoine* aux mystères du *que retranché;* puis, à ses moments perdus, et pour complaire à son respectable ami, il se mettait à herboriser. De la botanique il passa par hasard à la minéralogie, et fit, sur les cristaux, la découverte qu'on sait [1]. Promptement il se trouva en vue, malgré la naïveté, presque la gaucherie de toute sa personne; ses premières

1. Ayant un jour laissé tomber à terre un groupe de spath calcaire cristallisé, il remarqua avec étonnement que les morceaux conservaient une forme régulière et constante; conduit par cet heureux hasard, qu'il sut féconder, il créa une science nouvelle, à laquelle son nom est resté attaché, la *cristallographie*.

lectures à l'Académie firent sensation [1], et la savante compagnie s'empressa de lui ouvrir ses portes. Pour étudier expérimentalement la structure des cristaux, le pacifique abbé brisait sans pitié tous les échantillons qu'on voulait bien lui abandonner; Romé Delisle, jaloux de ses découvertes, l'attaqua avec vigueur, l'appelant *critalloclaste*, mais cette injure toute byzantine n'arrêta pas le succès de l'abbé. Très confus d'un tel honneur, l'humble régent du *Cardinal-Lemoine* voyait sa cellule envahie par ses nouveaux confrères : Laplace, Lagrange,

1. Cuvier nous apprend qu'il ne fut pas facile de décider le modeste abbé à faire ses lectures : « L'Académie, le Louvre, étaient pour le bon régent du *Cardinal-Lemoine* une sorte de pays étranger qui effrayait sa timidité. Les usages lui étaient si peu connus, qu'à ses premières lectures il y venait en habit long, que les anciens canons de l'Église prescrivent, dit-on, mais que depuis longtemps les ecclésiastiques qui n'étaient point en fonctions curiales ne portaient plus dans la société. A cette époque de légèreté, quelques amis craignirent que ce vêtement ne lui ôtât des voix, mais, pour le lui faire quitter (et c'est encore ici un trait de caractère), il fallut qu'ils appuyassent leur conseil d'un docteur de Sorbonne : « Les anciens canons sont très respectables, lui dit cet homme « sage, mais en ce moment, ce qui importe, c'est que vous « soyez à l'Académie. » Il est au reste fort à présumer que c'était là une précaution superflue et, à l'empressement que l'Académie montra pour l'acquérir, on vit bien qu'elle aurait voulu l'avoir, quelque habit qu'il eût porté. » Cuvier, *Éloge historique de M. René-Just Haüy*, lu le 2 juin 1823. (Recueil des Éloges historiques lus dans les séances publiques de l'Institut royal de France, par M. le baron Cuvier, l'un des 40 de l'Académie française, t. III, Paris, Levrault, 1827.)

Lavoisier, Fourcroy, Berthollet, de Morveau[1], venaient lui demander de leur développer ses théories sur la cristallisation.

L'œuvre des aveugles bénéficia de cette faveur; soumis à l'Académie des sciences, les essais pédagogiques de Valentin furent hautement approuvés[2]. Ce n'était pas tout encore : il fallait conquérir la sympathie du public, l'intéresser, le toucher, et enfin délier les cordons de sa bourse. La lutte pour l'existence commençait, et ce pauvre Valentin devait la soutenir pendant vingt années, et quelles années!

Il y a un siècle, quoique moins raffiné qu'aujourd'hui, l'art de la réclame existait cependant, et Haüy savait s'en servir. Il exhiba ses élèves au salon de correspondance et dans d'autres lieux de réunion, « le mercredi, le samedi et même un autre jour à volonté à l'École, 18, rue Notre-Dame-des-Victoires », enfin à la cour de Versailles, où les écoliers aveugles furent invités pour la Noël de 1786. Ce fut un vrai succès[3]. Louis XVI compli-

1. Voy. l'Éloge cité plus haut.
2. Voy. le Rapport fait à l'Académie des sciences le 16 février 1785, par le duc de La Rochefoucauld.
3. *Journal de Paris,* lundi 1er janvier 1787 :

Versailles, le 27 décembre 1786.

Le Roy ayant bien voulu, messieurs, fixer au 26 les exercices qu'il permettait aux enfants aveugles de faire en sa

menta Haüy et lui promit le premier cordon de Saint-Michel qui viendrait à vaquer.

Hélas! il faut croire que le plus vieux titu-

présence, ils les répétèrent le 24 devant les membres de la Maison philanthropique de cette ville. Le Roi, la Reine et toute la famille Royale ont daigné accorder des témoignages de bonté tant pour l'instituteur que pour les élèves. Un aveugle, maître à lire d'un jeune clairvoyant; des fautes d'orthographe, corrigées dans une composition d'imprimerie par un aveugle, reformée par un autre; la géographie apprise et démontrée sur des cartes avec et même sans relief, par Lesueur, premier professeur des aveugles; des fractions assez difficiles, réduites à un même dénominateur avec une exactitude que M. le duc d'Angoulême s'est amusé à vérifier lui-même la plume à la main, ont paru plaire infiniment à toute la Cour, dans les deux séances d'hier. Ces jeunes élèves ont présenté au Roi et à la famille Royale un livre imprimé par eux (*Essai sur l'éducation des aveugles*) avec une ode composée par le sieur Huard, l'un d'eux, et suivie des modèles de tous les petits ouvrages d'imprimerie qu'ils exécutent d'après les soins et l'instruction qui leur ont été donnés par M. Clousier, imprimeur du Roi, qui a secondé avec un grand désintéressement le zèle si pur et si actif de M. Haüy. J'ai l'honneur d'être, etc. »

Signé : « Un philanthrope qui a été aux exercices du 26 ».

Dans le numéro du 8 janvier, on lit ce qui suit :

« Ce 4 janvier 1787. — Messieurs, je ne saurais trop marquer ma reconnaissance au digne philanthrope qui s'est empressé de vous apprendre, par sa lettre du 1er de ce mois, que le Roi, la Reine et la famille Royale avaient daigné arrêter leurs regards sur les exercices des enfants aveugles. Mais ce respectable anonyme me permettra-t-il d'ajouter au compte qu'il vous a rendu que les travaux relatifs aux métiers ont semblé intéresser aussi les augustes témoins de ce spectacle intéressant; qu'ils ont paru voir avec satisfaction le chanvre devenir successivement, sous les doigts des enfants aveugles, un fil et de la ficelle; et celle-ci être employée par eux à faire du filet, des ouvrages à nœuds et de la sangle. Le tricot, le lacet au boisseau, la reliure des livres leur ont

laire dura plus que le Roi, car le cordon ne vint jamais.

Haüy enseignait à ses élèves la musique vocale et instrumentale, et Gossec, le musicien à la mode, composait des messes pour le petit orchestre des aveugles, des chœurs sur des paroles d'un élève de l'école ; c'est dans un de ces hymnes à la louange de leur maître, qu'ils chantaient ces vers souvent joints en exergue au portrait d'Haüy :

> Les Arts et les Vertus lui prêtent leur flambeau,
> Pour éclairer l'aveugle au fond de son tombeau.

Avec une audace que pouvait seule donner la conscience de la valeur morale de ses musiciens si novices, Haüy faisait entendre le petit orchestre et les maigres chœurs des *aveugles-nés* sous les vastes voûtes de Saint-Eustache[1]. A la procession de la Fête-Dieu de

également paru présenter pour l'avenir, à cette classe d'infortunés, des ressources contre l'indigence.

« Je profite de cette circonstance, messieurs, pour vous prier d'annoncer que les enfants aveugles reprendront, à dater de mercredi 10, leurs exercices rue Notre-Dame des Victoires, les mercredis et samedis à midi précis, et autres jours et heures qu'on voudra bien leur indiquer la veille. J'ai l'honneur d'être, etc. » Signé : « Haüy, interprète du Roi ».

1. C'est à cette occasion que l'archevêque de Paris donna aux jeunes filles aveugles l'autorisation de chanter dans les églises aux offices paroissiaux. (Voy. la *Notice historique de Gaillod,* citée plus haut, p. 22.)

cette paroisse, ils jouaient des *marches chantantes;* à Saint-Roch et dans d'autres églises, ils exécutaient des messes en musique.

Enfin, en octobre 1789, Louis XVI étant rentré à Paris sans *ses musiciens ordinaires*, Haüy s'empressa de faire agréer les aveugles pour la chapelle des Tuileries.

CHAPITRE III

L'ÉCOLE A TRAVERS LA RÉVOLUTION

Durant la Révolution, Valentin continua à mettre ses musiciens en vue; il fallait faire vivre l'œuvre, ou plutôt l'empêcher de mourir, et pour cela la faire connaître à tout prix. La Terreur venue, Haüy, de plus en plus impresario des aveugles, changea légèrement ses programmes et ses lieux d'exhibition : Gossec écrivit des hymnes patriotiques et non plus des motets. On passa du chœur de Saint-Eustache à la scène de l'Académie nationale de musique (les jours de fête civique); et au lieu de jouer des marches chantantes à la procession de la Fête-Dieu, on montait sur un char pour les défilés officiels. C'est ainsi que, pour la fête de l'Être suprême, le 8 juin 1794, dans cette fameuse journée dont le programme tracé par

David est un modèle du style goûté alors [1], les *aveugles-nés* figurèrent [2]. Ils faisaient partie du cortège qui suivait le grand pontife, Robespierre, dont la blafarde physionomie ne s'éclaira qu'en cette occasion, dit Vilates [3], et qui, le cœur débordant d'amour et de mansuétude, se promenait revêtu du costume de représentant du peuple, tenant à la main un bouquet mélangé d'épis et de fleurs.

Faut-il pour cela taxer ce bon Valentin Haüy de terrorisme, et, parce qu'il avait été reçu et choyé à Versailles, aux Tuileries et que plus

1. « L'Aurore annonce à peine le jour, et déjà les sons d'une musique guerrière retentissent de toutes parts et font succéder au calme du sommeil un réveil enchanteur. A l'aspect de l'astre bienfaisant qui vivifie et colore la nature, amis, frères, époux, enfants, vieillards et mères s'embrassent et s'empressent à l'envi d'orner et de célébrer la fête de la divinité. L'on voit aussitôt les banderoles tricolores flotter à l'extérieur des maisons; les portiques se décorent de festons de verdure, la chaste épouse tresse de fleurs la *chevelure flottante de sa fille chérie,* tandis que l'enfant à la mamelle presse le sein de sa mère, dont il est la plus belle parure. Le fils au bras vigoureux *se saisit de ses armes;* il ne veut recevoir de baudrier que des mains de son père. Le vieillard, souriant de plaisir, *les yeux mouillés des larmes de la joie,* sent rajeunir son âme et son courage en présentant l'épée aux défenseurs de la liberté... » (Programme de la fête de l'Être suprême dressé par David et décrété pour le 8 juin 1794-20 prairial an II.)

2. On trouve dans un devis des objets nécessaires aux aveugles, dressé par Haüy, la mention d'un « plateau roulant ou chariot qui conduit les aveugles dans les cérémonies publiques ».

3. VILATES, *Causes secrètes de la révolution du 9 thermidor* (p. 197).

tard il visita Louis XVIII à Mittau, l'accuser de palinodie[1]? Eh! mon Dieu, non. Le doux Haüy n'aurait pas attristé un insecte; celui qui signait : *Interprète de tous les gouvernements qui ont successivement régi la France*[2], me semble passablement sceptique à l'égard de la politique, et je crois bien que, si on lui eût parlé de l'attitude qu'il avait donnée à son établissement à travers la Révolution, il eût

1. Le 19 brumaire an IX, Valentin Haüy, très attaqué, écrivait les lignes suivantes : « Lorsque des citoyens ont besoin de se présenter chez les hommes en place ou chez ceux qui les approchent, il n'est pas extraordinaire de voir des individus qui semblent postés là tout exprès pour dire à l'oreille des gens puissants par leur emploi ou par leur fortune : « Méfiez-vous de celui-là : il est *royaliste* ou *fanatique*. Prenez garde à celui-ci : c'est un terroriste. » Trop rarement peut-être il s'y trouve un homme impartial qui répond : « Qu'importe, il a de la probité, des talents, et n'a changé ni de visage, ni de conduite, ni d'opinion, à chaque circonstance nouvelle de la Révolution. »

« Forcé de faire des démarches que me commandent l'utilité des sciences et arts, la gloire de mon pays et la défense de l'humanité, il est de mon devoir d'instruire d'abord l'opinion publique, que l'on s'efforce d'égarer sur mon compte; et pour y parvenir, je vais citer simplement quelques-uns des principaux traits de ma vie politique, sous le régime de la *Terreur*. » (Voy. *Première note du citoyen Haüy*, auteur de la manière d'instruire les aveugles, en réponse aux insinuations défavorables répandues, dans la société sur sa conduite politique.)

2. Nous le trouvons en effet, le 4 fructidor an II, employé à la Commission secrète des postes en qualité d'interprète pour le Comité de Salut public, et, le 6 pluviose an IV, il réclame les honoraires qui lui sont dus pour le dépouillement des lettres en langues étrangères, dont il avait été chargé, pour voir si elles ne contenaient rien contre le gouvernement.

répondu, lui aussi : « *J'ai vécu*, et fait vivre l'œuvre des aveugles; c'est déjà beaucoup. »

En effet, l'Assemblée nationale [1], puis plus tard la Convention [2], aussi prodigues de décrets que d'inscriptions, avaient déclaré l'école d'Haüy *Institution nationale*, et voté une bourse par département : mais, aussi bien que les sentences attendries et humanitaires inscrites un peu partout, ces intentions ne passaient guère de la théorie à la pratique; le trésor ne payait pas les pensions, ou donnait des bons, ce qui ne valait guère mieux, et l'école des aveugles, même avec son titre de nationale, était pauvre. Pauvres étaient ses pupilles, pauvre son directeur (depuis longtemps son modeste pécule était épuisé), et comme personne en France n'était riche, la charité devenait un mythe; et se procurer le pain quotidien, un problème toujours le même et cependant toujours plus malaisé à résoudre [3].

Aussi un des élèves d'Haüy, Avisse, déjà

1. Décrets du 21 juillet et du 28 septembre 1791.
2. Loi du 28 juillet 1795.
3. Valentin Haüy avait organisé dans une des salles du rez-de-chaussée du petit hôpital Sainte-Catherine, où l'on avait mis les aveugles, un théâtre qu'il louait pour 1200 francs au sieur Barré. Sur la toile cette inscription était peinte : « La bienfaisance nous rassemble. » (*Documents inédits.*)

auteur de l'ode *A ma dernière chemise*, fit cette requête au ministre de l'Intérieur [1] :

Un pauvre aveugle ose t'écrire,
O Bénezech, a-t-il raison?
Voudras-tu volontiers le lire,
Toi, ministre? Eh bien! pourquoi non?
Se rend-il digne de reproche,
En te disant qu'il a grand'faim;
Qu'il n'a pas un sou dans sa poche,
Et que, point d'argent, point de pain?
Si c'est pécher, je m'en étonne;
Mais, me diras-tu, tes *mandats?*
Oui, j'en veux, moi, quand on m'en donne :
Mais, quand j'en donne, on n'en veut pas.
Or, en deux mots, voici la chose :
J'aurais pu te la dire en prose;
Mais, je crois, cela n'y fait rien.
Çà, parlons donc, et parlons bien.
L'hiver dernier tu nous fis faire,
A souper, chez toi grande chère.
L'illustre Jourdan, ce jour-là,
Que ta main, de lauriers civiques,
Prix de ses vertus héroïques,
Au nom du peuple couronna,
Nous y vit imprimer et lire,
Compter, écrire, et cætera;
Et content, je crois, s'en alla.
A ce souper, il faut le dire,
On ne voyait point d'ortolans,

1. *Requête au ministre de l'Intérieur, à l'effet d'obtenir des traitements en numéraire.* (7 messidor an IV.)

Point de cailles, point de faisans;
C'eût été par trop magnifique :
D'ailleurs, dans une République,
Il ne faut souffrir de friands;
La friandise est incivique;
C'était un souper pour le tems,
Et le tems était bien critique :
Ajoutez que monsieur Rougeau [1],
Pour ménager notre mémoire,
Ménageait, ce n'était pas l'eau,
Mais le vin qu'il versait à boire.
Nul de nous, dès longtems, n'avait, malgré cela
Fait de souper comme ce souper-là.
Aussi ce souper, je le gage,
Vivra célébré d'âge en âge;
Car, un jour, par moi, l'univers
Le verra décrit en beaux vers.
Mais venons à notre prière :
Je dis notre, tu sais pourquoi;
Pas ne suis seul ici que ronge la misère;
Elle en ronge trente avec moi,
Sans compter notre cuisinière.
Ceci t'afflige, je le voi.
Déjà tu te dis : Mais quoi faire?
Oh! veux-tu le savoir, ce *quoi?*

Ou fais-nous, tous les mois, payer en numéraire;
Ou fais-nous, tous les jours, venir souper chez toi [2].

1. Nom du maître d'hôtel.
2. Voy. *Œuvres* d'Avisse, aveugle, membre de l'Institution des Aveugles-Travailleurs. — Seconde édition, à Paris, chez Desenne, palais du Tribunal, nº 2; de Bray, place du Louvre; Lenormand, rue Saint-Germain l'Auxerrois; veuve Avisse, aux Quinze-Vingts, rue de Charenton; et au musée des Aveugles, rue Sainte-Avoye, nº 19; de l'imprimerie du musée des Aveugles, rue Sainte-Avoye, nº 19; an XI (1803), p. 13; et

La misère, on le voit, n'excluait pas la bonne humeur; ces revendications ne pouvaient être plus pacifiques. C'était l'esprit d'Haüy, qui, un jour où ses élèves avaient, eux aussi, pris quelque velléité d'émancipation, prétendant secouer le joug tout paternel de leur maître, parut au milieu de ces enfants mutinés, un La Fontaine à la main, et rétablit l'ordre en leur lisant une fable qui s'appliquait à la circonstance. Les plus grands comprirent, et tout rentra dans le calme.

Notice historique sur l'établissement des jeunes aveugles (p. 6), imprimée aux Quinze-Vingts, par M. Gaillod, ancien élève de feu M. Haüy, inventeur des procédés employés pour l'éducation des aveugles. Paris, 1828.

CHAPITRE IV

HAÜY THÉOPHILANTHROPE

Doux et conciliant, Haüy se faisait des amis, qu'il savait intéresser à son œuvre. Le grammairien-poète Fabre d'Olivet écrivait sur les aveugles des vers pleins de sensibilité qui faisaient les délices des lecteurs des Almanachs des *Muses*, de *Flore*, des *Philanthropes*, et d'autres recueils à la mode.

Un des Directeurs, La Revellière-Lépeaux était l'avocat des aveugles près les pouvoirs publics. Le désir de complaire à ce patron haut placé, et peut-être aussi l'attrait de cette doctrine inoffensive attirèrent Valentin Haüy dans les rangs des théophilanthropes. Ce fut même l'école naissante des aveugles qui servit de berceau à la secte nouvelle.

Le 16 décembre 1796, sur la demande de La

Revellière-Lépeaux, les premiers fidèles se réunirent dans la salle principale[1] de l'Institution nationale des Aveugles-Travailleurs, 34, rue Denis, près de celle des Lombards (autrement dit petit hôpital Sainte-Catherine ou encore des Catherinettes). On avait mis au milieu de ce temple improvisé une table[2] sur laquelle des bouquets de fleurs et d'épis symbolisaient « la création et le mouvement végétal ».

J.-B. Chemin Dupontès, véritable inventeur du culte[3] dont La Revellière ne fut que l'apôtre le plus ardent et le plus célèbre, exposa le but et les dogmes de la nouvelle religion : « Plusieurs pères de famille, dit-il, persuadés que les prin-

1. Le petit hôpital Sainte-Catherine avait servi d'hospitalité de nuit pour les femmes, alors dans les salles du rez-de-chaussée. Il y avait 16 grands lits, dans chacun desquels 4 personnes pouvaient coucher. Le règlement accordait 3 nuits aux pensionnaires, qui recevaient un souper; Valentin Haüy s'y installa dans le commencement de l'an III. (Tenon, *Mémoire sur les hôpitaux*, 1788, p. 21.)

2. Prudhomme, *Histoire impartiale des révolutions*, t. II, pp. 75-76 : description de la première réunion théophilanthropique tenue chez les Aveugles-Travailleurs.

3. « Chemin Dupontès voyant Chaumette et Robespierre morts, et en qualité de *philosophe* abhorrant d'ailleurs le christianisme, la fantaisie lui vint d'inventer aussi une religion, et il publia, au mois de septembre 1796, un livre intitulé : *Manuel des théophilanthrophiles*. Voy. l'histoire des commencements de cette religion dans l'*Année religieuse* des théophilanthropes, par Chemin, 4 vol. in-18, t. Ier, pp. 5 et 6.

cipes religieux sont la seule base d'une bonne éducation, le seul frein des crimes secrets, la meilleure consolation dans l'adversité, l'encouragement le plus efficace à l'accomplissement de tous les devoirs, se sont réunis pour chercher le moyen de soustraire leurs enfants au danger de l'irréligion. Ils ont considéré que les cultes mystérieux ont beaucoup d'adversaires, que la plupart des jeunes gens élevés dans ces sortes de cultes ne résistent pas, lorsqu'ils sont lancés dans le monde, aux nombreux arguments par lesquels on les attaque, et que, souvent en renonçant aux mystères, ils oublient en même temps et la religion et la morale.

« Ils ont pensé que le plus sûr parti était d'inculquer à leurs enfants les principes de la religion naturelle, qu'aucun homme ne peut attaquer à moins qu'il ne soit insensé ou tout à fait corrompu.

« Nous croyons à l'existence de Dieu, à l'immortalité de l'âme. Adorez Dieu, chérissez vos semblables, rendez-vous utile à la patrie. Le bien est tout ce qui tend à conserver l'homme ou à le perfectionner, le mal est tout ce qui tend à le détruire ou à le détériorer. Enfants, honorez vos pères et mères, obéissez-leur avec affection, soulagez leur vieillesse. Pères et mères, instruisez vos enfants; femmes, voyez dans vos maris les chefs de vos maisons; maris, aimez vos femmes et rendez-vous réciproquement heureux. »

Ce qu'ayant dit, Chemin entonna l'hymne de Désorgues à l'*Etre Suprême* (il avait déjà servi pour la fête du 8 juin 1794) : « Père de l'univers, suprême intelligence, bienfaiteur ignoré des aveugles mortels [1]..... » La musique, assez majestueuse, avait été composée, cela va sans dire, par Gossec, le musicien ordinaire de la Révolution. Cette mélodie avait de la majesté, et, chantée par les assistants, accompagnée par l'orchestre des aveugles, elle produisit un grand effet. Plusieurs réunions se tinrent encore aux *Aveugles-Travailleurs*, ce qui faisait dire à Mme Permon, la spirituelle mère de la non moins spirituelle duchesse d'Abrantès : « L'établissement ne change pas de destination, les gens qui s'y réunissent sont de vrais Quinze-Vingts » [2]. Mais bien vite La Revel-

1. Voy. « Principes fondamentaux de la religion des théophilanthropes ou adorateurs de Dieu et amis des hommes, contenant l'exposition de leur morale et de leurs pratiques religieuses, avec une instruction sur l'organisation et la célébration du culte ». A Rouen, au bureau de la Vedette et de l'Imprimerie de V. Guilbert et Herment, rue Nationale, emplacement des Cordeliers, an VI (1798).

2. *Mémoires* de la duchesse d'Abrantès, t. VI, p. 96. Et un

lière prit de l'ambition pour la religion dont il était grand prêtre ; on prétend que son cœur était absolument rempli par deux amitiés : Chemin Dupontès et André Thuin, et son esprit absorbé par deux pensées : la ménagerie du Jardin des Plantes et la théophilanthropie. Il convoita de plus vastes temples et se fit concéder l'usage exclusif de quelques églises : Saint-Jacques du Haut-Pas, Saint-Gervais et Saint-Thomas-d'Aquin (dédié à Bernardin de Saint-Pierre). Saint-Sulpice, « temple de la Victoire », fut la paroisse de Valentin Haüy, et il y officiait à son tour. Dans la *religion naturelle*, les pères de famille étaient les seuls prêtres, et le 10 messidor an VII l'*instituteur national des Aveugles-Travailleurs*, revêtu du costume liturgique : tunique bleu céleste, prenant depuis le col jusqu'aux pieds avec ceinture rose, et robe blanche par-dessus, ouverte par devant [1], montait en chaire pour défendre

anonyme, trop sévère assurément pour cet excellent Valentin Haüy, publiait les vers suivants :

Ce grand voyant aveugle-né,
Qui pourra le guérir et l'éclairer lui-même?
L'unique médecin que Dieu nous ait donné
Est son Fils incarné,
Et cet aveugle blasphème!
Et cet aveugle illuminé
Instruit maint autre aveugle à lui dire : Anathème!

1. *Rituel des adorateurs de Dieu et amis des hommes*, p. 4. —

la religion naturelle des imputations qui lui sont faites [1].

On se moquait beaucoup de la théophilanthropie. « Ce qu'elle enseigne ne serait pas mal, disait-on, si l'Évangile n'avait enseigné les mêmes choses, et même beaucoup mieux, 1797 ans plus tôt. » Le général Bonaparte était moins que favorable à la théophilanthropie, qu'il appelait « une religion en robe de chambre », et aux théophilanthropes, théophilanthrophiles ou adorateurs de Dieu et amis des hommes, qu'il taxait irrévérencieusement de « comédiens ».

Il faut avouer que, dans la prétendue religion naturelle, tout était à la fois théâtral, déclamatoire et anodin; c'était bien un produit de l'époque. Le caustique Talleyrand conseillait à

La Revellière aimait les costumes bigarrés; il demandait, dans le *Moniteur* du 7 décembre 1790, que les gardes nationaux fussent habillés de blanc, de bleu et de rouge, et qu'on écrivît ces mots sur la partie *la plus apparente de leurs habits : Constitution, liberté, égalité;* et au-dessous : *Veillez!*

1. Haüy invitait un ami par le billet suivant : « Au citoyen Monsaldy, graveur, rue de Molière, n° 2, près l'Odéon, maison du Café, au cinquième. Haüy salue le citoyen Monsaldy et présente son respect à Madame. Il l'invite à aller aujourd'hui au *Temple de la Victoire* (Saint-Sulpice), à midi, l'entendre défendre la *Religion naturelle* des imputations qui lui sont faites. S'il peut y conduire quelques amis, quelques dames, cela ne ferait pas mal. Ce 10 messidor an VII. » (*Lettres et papiers inédits.*)

La Revellière-Lépeaux de se faire crucifier, pour dramatiser la chose et pour lui donner de la consistance, mais celui-ci n'avait aucun goût pour le martyre; il préférait comprendre son rôle d'apôtre à un autre point de vue.

Tandis que Chemin Dupontès compilait Confucius, Zoroastre, Socrate, Aristote, Sénèque, La Bruyère, Fénelon, Voltaire, Rousseau, etc., etc., pour composer le *livre d'heures* des théophilanthrophiles; passablement rêveur et baroque, La Revellière imaginait un rituel, faisait des prescriptions d'une sensibilité, d'un symbolisme qui aujourd'hui nous semblent du meilleur comique.

Pour les mariages, « les époux paraissent près de l'autel; ils sont entrelacés de rubans ou de fleurs dont les extrémités sont tenues de chaque côté des époux par les anciens de leurs familles..... Le chef de famille doit engager les époux et les pères, attendu qu'ils ont l'espérance de revivre dans leur postérité, à s'occuper du bonheur des générations futures. Il les invite à remplir ce devoir sacré soit en plantant quelques arbres, soit en greffant sur de jeunes sauvageons, dans les bois, des branches à fruits qui puissent un jour apaiser la faim ou la soif du voyageur égaré. » Prescription touchante, qui inspirait au graveur Monsaldy une estampe au pointillé dont Haüy s'occupa beaucoup et qu'il décrit ainsi : « Théophile Evergète, ayant passé sa vie à faire du bien, et voulant être utile même après sa mort, imagina l'ingénieux moyen de conduire un ruisseau loin de sa source dans l'endroit le plus aride du pays, que le consul Bonaparte illustra par ses victoires, et y éleva une fontaine qu'il ombragea d'un arbre fruitier où le voyageur, venant se désaltérer, trouvait tout à la fois le repos, l'ombre et la nourriture près du tombeau de ce philosophe [1]. » Cette estampe, c'est toujours Valentin Haüy qui nous l'apprend, joua un rôle dans son culte domestique. « Je m'empresse de faire part au citoyen Monsaldy de l'effet que son tableau a fait au sein de ma famille décadi dernier, à l'exercice de la religion naturelle. Je l'avais placé devant un autel chargé de fleurs; j'ai lu l'inscription à mes enfants, elle m'a servi de texte pour improviser un petit discours sur la bienfaisance et, de là, sur la reconnaissance dont nous célébrions la fête. La vue de cet acte perpétuel leur a fait verser des larmes [2]. »

1. *Lettres et papiers inédits.*
2. *Lettre* du 13 prairial an VII.

Des fleurs, toujours des fleurs... Le 10 floréal an VI, les théophilanthropes étaient invités à attacher « une fleur à l'urne de la fille du citoyen Haüy, morte à l'âge de quatorze ans, et à prier le créateur de la recevoir dans son sein[1] ».

On se réunissait dans le temple, où le cérémonial suivant était observé. Sur un tableau, cette inscription : « La mort est le commencement de l'immortalité » ; devant l'autel, une urne ombragée de fleurs. Le chef de famille dit : « La mort a frappé un de nos semblables. » Il ajoute, si le décédé était en âge de raison : « Conservons le souvenir de ses vertus et oublions ses fautes ; que cet événement soit pour nous un avis d'être toujours prêts à paraître devant le juge suprême de nos actions. » Et le chef de famille fait quelques réflexions sur la brièveté de la vie, l'immortalité de l'âme, etc.[2].

La théophilanthropie et les théophilanthro-

1. Voy. *la Paix et l'Union entre les Français*, cité par l'abbé Grégoire dans son *Histoire des sectes religieuses*, t. I, p. 395.

2. Ce rite rappelait celui que Chaumette avait fait adopter par la Commune en 1793. (Arrêté de la Commune du 21 novembre 1793. Voy. le *Moniteur* du 23 novembre 1793.) La *section de l'Homme-Armé* ayant protesté contre l'abandon scandaleux avec lequel on déposait les morts dans les cimetières, la Commune ordonna qu'ils seraient inhumés avec un drap tricolore et qu'il serait porté devant la bière une espèce de fanon sur lequel serait écrit : « L'homme juste ne meurt jamais, il vit dans la mémoire de ses concitoyens ! »

pes, ridiculisés par les gens d'esprit, délaissés par le populaire, qui se précipitait dans les églises rendues au culte catholique, étaient tenus en très petite estime, je l'ai dit, par le premier consul : il n'aimait ni les rêveurs ni les faiseurs de phrases; aussi, le 4 octobre 1801, les églises furent définitivement retirées aux théophilanthropes. Valentin Haüy s'était trop compromis, et Napoléon ne crut probablement pas à l'avenir de l'œuvre des Aveugles-Travailleurs, qu'il voyait entre les mains d'un théophilanthrophile. Sur un rapport de Chaptal [1], les Aveugles-Travailleurs furent, le 4 janvier 1801, réunis aux Quinze-Vingts [2].

C'était annuler l'école que de la confondre avec un hospice qu'elle avait précisément pour but de rendre inutile, au moins pour quelques aveugles. Haüy dut se retirer avec une pension de 2000 fr.

L'homme tombé à la mer qui, après avoir nagé avec rage, luttant d'un seul bras, de l'autre

1. On voit, par le rapport de Chaptal au premier consul, que l'intention du gouvernement n'était point d'annuler l'école fondée par Haüy, mais il voulait la combiner avec les Quinze-Vingts, croyant à tort que les deux établissements auraient avantage à être réunis. J'espère un jour publier ce rapport de Chaptal.

2. L'arrêté est signé par Chaptal, ministre de l'Intérieur, et daté du 28 pluviôse an X.

élevant à main tendue le manuscrit où il a mis toute sa pensée, touche au bord et le voit emporté par une dernière vague, me représente tout à fait la situation de Valentin Haüy en 1801.

Par un effort suprême d'industrie, de souplesse et de privations, il a conservé à travers la Révolution l'œuvre de son âme, et c'est au moment où tout se réorganise qu'il la voit anéantie. Ses élèves, instruits avec amour, afin qu'ils puissent devenir des *hommes* pensants et agissants, sont aux Quinze-Vingts, oisifs, ou condamnés du matin au soir à filer mécaniquement de la laine. Lui, encore jeune (cinquante-six ans), est mis à la retraite!... Privé du concours de la bienfaisance officielle, Valentin Haüy ne se découragea pas; il croyait et ceux qui croient agissent toujours.

CHAPITRE V

LA MAISON SAINTE-AVOYE — VOYAGE EN RUSSIE

Il fonda donc, rue Sainte-Avoye (février 1802), le *Musée des aveugles* : c'était une maison d'éducation qui reçut surtout des aveugles aisés, français et étrangers [1]. L'école fit quelques bons élèves, mais de détestables affaires : rarement les novateurs sont habiles financiers. Tous les étrangers de marque passant à Paris visitaient la petite maison de la rue Sainte-Avoye

1. Dans un prospectus publié par Valentin Haüy, intitulé HUMANITÉ, *Création d'un nouvel hospice particulier des Aveugles-Travailleurs*, on lit ceci : « L'établissement sera divisé en deux sections. La première, pour les susdits enfants aveugles au-dessous de sept ans, sera soignée dans une maison appartenant à Mme Haüy, sise à Chatou, près Nanterre, à un myriamètre environ de Paris. La seconde section, destinée à des aveugles plus âgés et qui n'auraient pu être admis à l'Établissement national, sera instruite dans une maison située à peu près au centre de Paris, aux mêmes conditions ci-dessus détaillées pour les jeunes enfants. »

L'empereur de Russie Alexandre Ier, peut-être plus encore l'Impératrice mère, renseignés par leurs correspondants spéciaux sur toutes les créations utiles, eurent la fantaisie d'avoir l'instituteur des aveugles à Saint-Pétersbourg, pour y établir une école. Valentin Haüy accepta, et de longues négociations furent entamées. Il disait à l'intermédiaire : « Vous savez, monsieur, que je ne suis pas fortuné. Le temple que j'ai eu la douce consolation d'élever à l'humanité disgraciée de la nature a absorbé toutes mes facultés. » C'était bien; il essaya même (influencé sans doute par un ami positif) de formuler quelques chiffres[1], mais, le naturel reprenant le dessus, il finissait en disant « qu'il se repose sur la justice et la générosité si connues de Sa Majesté Impériale du soin de récompenser un homme qui aura porté dans ses États une découverte bien chère sans doute au cœur de cet illustre souverain : elle a pour objet tout à la fois le progrès des sciences et des arts et le soulagement de l'humanité ». Confiance naïve, touchant abandon, imprudent même avec

1. Il demandait un traitement annuel d'au moins 4000 roubles, plus, durant son séjour à Saint-Pétersbourg, un logement meublé, l'éclairage et le chauffage, et 2000 roubles de frais de voyage. — *Rapport* cité par le docteur Skrébitzki dans sa brochure : *Valentin Haüy à Saint-Pétersbourg*, p. 12. Paris, 1884.

l'empereur de toutes les Russies; on le lui fit bien voir [1].

Enfin en 1806, après quatre ans de pourparlers, il partit [2] avec sa femme, son fils, et Fournier, son élève aveugle de prédilection. L'absence ne devait être que d'un an.

Sur sa route, Haüy fit beaucoup de stations : les princes qui se piquaient de philanthropie voulaient voir le maître des aveugles. Le roi de Prusse, par lettre autographe, l'invita à Charlottenbourg; partout on lui fit fête; l'Académie des sciences de Berlin le pria d'assister à ses séances, et, résultat pratique, un vrai philanthrope, Zeune, fonda une école d'aveugles d'après ses conseils.

De Berlin, on alla à Mittau; le comte de Provence reçut parfaitement Valentin Haüy (7 septembre 1806), qu'il se souvenait d'avoir vu à Versailles, vingt ans plus tôt, dans des circonstances bien différentes. Sur cette fameuse table

1. Correspondance avec Lauzier, citée par le docteur Skrébitzki, p. 15.

2. Valentin Haüy fut suppléé pendant quelque temps comme directeur du musée des Aveugles par un nommé Heilmann. Nous ne connaissons de ce dernier qu'un prospectus en français et en allemand, dont on peut encore lire le texte à la bibliothèque Carnavalet. (*Recueil général*, série 131.) On y voit qu'Heilmann avait l'intention de publier une revue spéciale en allemand.

de bois blanc, où fut écrite, dit-on, la Charte de 1814, table qui eut l'honneur d'être apportée aux Tuileries dans le cabinet de travail de Louis XVIII, Fournier traça au crayon cette phrase aimable qui se trouva prophétique et qui, dans tous les cas, était habile : « Ce sera sous le règne de Louis XVIII que l'Institution des Aveugles arrivera à la perfection. » Le comte de Provence répondit qu'il avait constamment suivi par les journaux les travaux d'Haüy et que, dans quelque circonstance qu'il puisse se trouver, il n'oublierait pas son œuvre [1].

L'arrivée à Saint-Pétersbourg [2] se fit sous les meilleurs auspices : tout marcha à souhait pendant quelque temps; la haute société russe se montra très empressée à voir Haüy et son élève; on pouvait croire à un grand mouvement en faveur des aveugles; ce ne fut qu'un engouement de mode. Haüy, promptement oublié, res-

1. Lettre au duc de Richelieu du 2 avril 1817 (écrite de Russie). Voy. lettres inédites de Valentin Haüy possédées par la *Bibliothèque Valentin-Haüy*.

2. Le docteur Skrébitzki, qui a étudié avec tant de soin le séjour de Valentin Haüy en Russie, nous dit qu'il arriva à Saint-Pétersbourg le 9 septembre 1806. Il est donc probable que Valentin Haüy aura fait une petite erreur en disant au duc de Richelieu que c'est le 7 septembre qu'il visita Louis XVIII à Mittau, cette ville étant à 600 kilomètres de Saint-Pétersbourg.

tait à l'hôtel[1]; le local promis n'arrivait pas, et, mieux encore, il ne pouvait même pas obtenir des élèves. Les enquêteurs officiels répondaient imperturbablement qu'il n'y avait pas d'aveugles en Russie...

Tous les ennuis, toutes les tracasseries qu'Haüy subit alors feraient un volume ; ils étaient de tous genres ; il y eut même des créanciers du musée des Aveugles (gens assurément peu philanthropes) qui envoyèrent leurs traites jusqu'à Saint-Pétersbourg et firent mettre arrêt sur une portion du traitement d'Haüy. Puis, grâce à la bureaucratie russe, cette retenue se continua pendant six ans, quoique après deux ans Valentin Haüy eût présenté toutes les quittances en règle.

Quand des élèves et un local furent venus, la série des jalousies[2], des dénonciations

1. Hôtel du Nord, 4, rue des Officiers.

2. Un certain Bouchoueff qu'on destinait à lui succéder, homme vaniteux et indolent, semble-t-il, lui occasionna bien des ennuis et lui fit noircir bien du papier. Voici un fragment de lettre retrouvée par le docteur Skrébitzki : « Pour que M. Bouchoueff puisse se rendre capable de me succéder, il faut qu'il se rende bien compte à quel prix j'ai réussi en France et à quelles conditions j'espère réussir ici :

« Né avec l'amour du travail, je consacre à mon entreprise toutes mes journées depuis environ 5 à 6 heures du matin, jusqu'à 10, 11 heures du soir ; que, père de famille, je préfère les attraits de l'intérieur de mon ménage et de ma tâche honorable aux plaisirs du dehors, que toutefois je ne con-

commença; cependant on sait si Haüy était inoffensif [1]. Une audience du czar, demandée dès son arrivée en Russie (13 septembre 1806), fut attendue longtemps, et il n'est même pas bien sûr qu'il l'ait jamais obtenue. Cependant son séjour fut de onze ans; le chagrin finissait par déborder, comme on le voit dans cette page d'un mémoire : « C'est lorsque je sacrifie encore mes veilles à une autre opération d'une utilité plus générale (il faisait allusion à un télégraphe de son invention) que je suis abreuvé de dégoûts et d'humiliations. O bon Alexandre! O vous, ses dignes ministres! O brave nation russe! vous ignorez que l'amour-propre d'un jeune homme qui s'est vanté de posséder des talents, qu'il n'a encore rien fait pour acquérir, est cause de l'accueil injuste que reçoit sur votre terre hospitalière un vieillard qu'on a daigné mettre quelquefois au nombre des ser-

damne pas chez les autres. Il faut lui dire souvent qu'un instituteur d'aveugles doit être un grand travailleur et aussi doué d'énergie au physique qu'au moral. »

1. Voici ce qu'il écrivait avant son départ de Paris le 3 avril 1806 : « Quelque peu informé que vous soyez de mes débats avec quiconque a voulu, je ne dirai pas *se battre avec moi*, mais bien *me battre*, vous avez dû voir que j'ai constamment opposé un bouclier garni de velours et que, choisissant des flèches émoussées (puisqu'on me forçait à me défendre), j'ai eu soin de ne les lancer que bien loin de l'endroit d'où partaient les coups dirigés contre moi... »

viteurs de l'humanité souffrante, et qui n'est venu ici que pour la consoler, à la voix du souverain[1]. »

Tandis que la force d'inertie de l'administration russe lassait la constance d'Haüy, la prédiction de Fournier s'était réalisée. Le comte de Provence, devenu Louis XVIII, avait réorganisé l'Institution royale des Jeunes-Aveugles[2].

1. Cité par le docteur Skrébitzki.

2. Décret du 8 février 1815. A la même époque, refus du ministre de l'Intérieur de rappeler Valentin Haüy de Russie pour le remettre à la tête de l'institution. C'est alors qu'on nomma directeur un médecin très remuant, le Dr Guillé.

CHAPITRE VI

DERNIÈRES ANNÉES

Vieux et infirme, Haüy voulut mourir en France; il quitta Pétersbourg en 1817, emportant pour tout dédommagement la décoration de *Saint-Vladimir* (4e classe). Ce fut au Jardin du Roi (Jardin des Plantes) qu'il se retira, dans le modeste logement de son frère, l'abbé Haüy, toujours minéralogiste, toujours saint prêtre, qui depuis 1784 n'avait rien changé à sa vie, pas même l'heure de ses repas... Cette existence calme à travers la Révolution est un phénomène des plus curieux [1].

1. Après le 10 août, « fort peu au courant, dans sa vie solitaire, de ce qui se passait autour de lui, il voit un jour avec surprise des hommes grossiers entrer violemment dans son modeste réduit. On commence par lui demander s'il n'a point d'armes à feu. « Je n'en ai d'autre que celle-ci », dit-il, en tirant une étincelle de sa machine électrique, et ce trait désarme un instant ces horribles personnages; mais il ne les

L'ancien séminaire Saint-Firmin, 68, rue Saint-Victor, avait été affecté à l'Institution royale des Jeunes-Aveugles; c'était proche du Jardin des Plantes; mais tout d'abord le directeur, plus soucieux de se faire passer pour un grand homme que d'honorer le vrai fondateur de son établissement, tint à Haüy porte close, insinuant « qu'il avait donné dans la Révolution. — Quant à moi, écrivait Valentin Haüy à Fournier[1] le 28 février 1818, je continue d'en rire pour ce qui me regarde, et je vois bien

désarme que pour un instant : on se saisit de ses papiers, où il n'y avait que des formules d'algèbre; on culbute cette collection qui était sa seule propriété; enfin on le confine avec tous les prêtres et les régents de cette partie de Paris dans le séminaire de Saint-Firmin, qui était contigu au *Cardinal-Lemoine* et dont on venait de faire une prison. Cellule pour cellule, il n'y trouvait pas trop de différence; tranquillisé surtout en se voyant au milieu de beaucoup de ses amis, il ne prend d'autre soin que de se faire apporter ses tiroirs et de tâcher de remettre ses cristaux en ordre. »

Ses amis et son élève Geoffroy s'efforcèrent d'obtenir son élargissement; mais il était si tranquille qu'il ne voulut sortir que le lendemain matin, et encore il fallut l'emmener. Le surlendemain commencèrent les massacres de septembre (le 2). Pendant la Révolution, on ne l'inquiéta plus : il parut une seule fois dans les rangs de son bataillon de quartier; mais il fut tout de suite renvoyé à cause de sa mauvaise mine. Il osa et put impunément écrire pour la défense de Lavoisier, membre de la Commission des poids et mesures, dont Borda était président et l'abbé Haüy secrétaire (28 frimaire an II. *Éloges de l'abbé Haüy*, par Cuvier, cité plus haut. Curieuse coïncidence : c'est au séminaire Saint-Firmin qu'en 1815 on réorganisa l'Institution des Jeunes-Aveugles.

1. Lettres inédites.

que si quelqu'un a des bontés pour moi après ma mort, il pourra graver sur ma tombe ces paroles qui terminent la vie de saint Athanase, qui, ainsi que moi, avait été forcé de se retirer sur une terre étrangère : « Il éprouva tout le reste de sa vie que le méchant ne pardonne jamais à sa victime de n'avoir pas succombé sous ses premiers coups. »

Heureusement les aveugles des Quinze-Vingts étaient indépendants; un certain nombre d'entre eux avaient été élèves d'Haüy avant 1801; ceux-là fêtèrent le retour de leur maître, et souvent ils vinrent le visiter au Jardin du Roi; souvent aussi aux Quinze-Vingts ils recevaient leur bienfaiteur.

Mais rien ne dure, pas même les injustices. En mars 1821, un homme de cœur fut mis à la tête de l'Institution; le docteur Pignier, plus royaliste, plus catholique que son prédécesseur, ne se demanda pas si le père des aveugles avait eu tort ou raison de traverser la Révolution comme il l'avait fait; il pensa sans doute que, quand le navire sombre, on voit mal la couleur du canot où l'on se jette pour se sauver.

La famille des aveugles était définitivement à l'abri; elle habitait une nouvelle demeure; il fallait que le père s'assît au foyer, au moins un jour, pour que cette nouvelle maison redevînt la maison paternelle d'autrefois. Le 21 août 1821 fut choisi. Haüy se rendit rue Saint-Victor, où une fête était préparée; toute l'Institution y prit part. L'orchestre et les chœurs exécutèrent la cantate composée par Huart et par Gossec pour la première Saint-Valentin célébrée dans l'école le 13 février 1788. Après ces vers :

Amis, qu'à jamais on vénère
Les talents et le nom de notre Instituteur;
De la nature, en nous, il corrigea l'erreur;
Et son génie ardent nous tient lieu de lumière.
O mortel généreux, qui nous rends l'existence,
Nous célébrons ton zèle et tes bienfaits.
Tu soumis la nature à ton obéissance,
En lui dérobant ses secrets [1].

Le vieillard, accablé par l'émotion, ne put dire que ces simples et bien touchantes paroles : « Mes chers enfants, c'est Dieu qui a tout fait. »

Rentré chez lui ce soir-là, je suis sûr que Haüy trouva sa cellule plus grande, plus radieuse que de coutume, car les rayons qui poétisent la vie ont leur foyer dans le cœur.

1. *Chœur chanté à la fête de M. Haüy*, paroles d'Huart, musique de Gossec, cité par Gaillod.

Les forces du vieillard déclinèrent rapidement; il écrivait en novembre[1] : « O vous qui êtes au nombre de mes consolateurs! recevez de nouveau ce titre, j'ai plus besoin que jamais de vous le continuer, je suis décidément paralytique! Des cordes sont tendues de tous côtés le long de ma cellule d'anachorète, soit pour m'empêcher de tomber par terre, soit pour m'aider à m'y ramasser. Cependant, la fenêtre de mon domicile ouverte, je remercie Dieu de ce qu'à la fin de mes jours il permet que je loge chez *mon bon frère, l'abbé Haüy,* consolé comme je le suis par les soins de *ma bonne fille, dans le voisinage de l'Institution royale des Jeunes-Aveugles*, ainsi que j'en ai témoigné le désir et l'espoir dans les premiers jours de mai 1817 à M. le comte de Noailles, votre ambassadeur à Saint-Pétersbourg..... Presque toutes mes facultés physiques sont tellement paralysées, qu'à table avec ma fille et mon gendre, je ne puis les entendre parler.

« Le soir, à la compagnie de mon frère, ce qui est un devoir pour moi, quand je réussis

1. Ce mardi 4 novembre 1821, fête de Sainte-Barbe; de chez M. l'abbé Haüy, membre de l'Académie des sciences. Au Jardin du Roi. A Monsieur Dejean, inspecteur des travaux des jeunes élèves de l'Institution royale des Aveugles, n° 68, à Saint-Firmin, rue Saint-Victor.

à attraper quelques mots, je ne puis les comprendre; j'ai peine à déchiffrer mon écriture, comment est-on assez heureux pour la lire; ma mâchoire devient si épaisse que je ne puis plus prononcer librement. Ah! si je pouvais marcher, me traîner seulement, comme j'irais tous les jours passer trois ou quatre heures à Saint-Firmin dans votre imprimerie; là, je corrigerais les épreuves de nos malheureux et intéressants enfants! mais ni gloire, ni fortune, je ne voudrais pas vous être à charge [1]. »

Il s'éteignit paisiblement entre les bras de son frère le 19 mars 1822. Mourant non en théophilanthrope, cela était oublié depuis longtemps, mais tout simplement en chrétien, assisté par le curé de Saint-Médard, sa paroisse.

1. Et le 10 décembre : « L'un de mes chers *consolateurs!* je dis l'un, parce que parmi les *voyants*, vous êtes plusieurs, d'abord M. Pignier, *Marjolin*, Guénard, etc., etc., plus les filles, toutes, afin de ne pas réveiller la jalousie,

« Mon cher Consolateur voyant, je vous demande pardon du chiffon de papier sur lequel je vous ai invité hier à me venir voir. Tout *voyant* que je suis, de plus paralytique, je n'ai pu montrer du bout de l'index au consolateur Guénard le papier blanc en feuille, trop loin de moi, parce qu'il n'y voit goutte. Venez donc, je vous montrerai que je travaille pour votre institution royale nuit et jour. Je veux qu'il soit question de vous tous dans la nouvelle édition qui va paraître des *Tableaux de Paris*. Adieu, je vous embrasse tous. Votre vieux grigou paralytique. — V. Haüy. »

Telle est, à grands traits, la vie de Valentin Haüy. Un jour où on lui parlait de son œuvre, on la comparait à celle de l'abbé de l'Épée; il se récria, disant : « L'Abbé de l'Épée est un créateur d'âmes, moi je ne suis qu'un inventeur de lunettes [1]. » C'était charmant, mais trop modeste; Valentin Haüy est plus et beaucoup plus qu'inventeur : il est apôtre. Sa véritable invention fut celle de la typographie en relief qu'il imagina et réalisa pratiquement; mais il crut à la possibilité de rendre à la vie active et utile des milliers d'aveugles. Son idée peut-être n'était pas absolument originale, mais qu'importe? sa foi fut très grande : elle me suffit pour le proclamer un grand homme.

Est-ce paradoxal? Je crois que ce qui fait la grandeur de l'homme c'est plus encore la force de conviction et de volonté que la pénétration extraordinaire de l'esprit. Puis, en définitive, il est rare que quelque chose de nouveau, quelque chose de grand, pénètre dans le monde sans l'intervention d'un homme de valeur. Que cet homme, dont le nom reste

1. Haüy se souvenait peut-être de cette expression de *la Logique de Port-Royal* : « Les yeux sont des lunettes taillées de la main de Dieu. »

attaché à l'œuvre, n'en ait pas cependant le mérite exclusif; que l'influence du temps où il est né, du milieu où il a vécu, ait eu son rôle important et même prépondérant, soit; qu'à l'heure où se fait une grande découverte, où se réalise un grand progrès, une sagace critique puisse en montrer les éléments dans les esprits des contemporains, je le veux bien; que Newton ait été la résultante de Képler, Gassendi, Leibniz; et saint Vincent de Paul de saint François de Sales, du cardinal de Bérulle, d'Olier et d'une pléiade d'hommes bienfaisants du commencement de la Fronde [1], j'y consens encore. Il n'en est pas moins évident qu'il faut de temps à autre une intelligence de plus vaste envergure que celle des contemporains pour faire une synthèse là où les autres n'ont su qu'analyser, puis une volonté d'une singulière trempe pour faire admettre l'idée neuve. Les hommes, pris en masse, adoptent rarement une vue nouvelle; il est nécessaire de l'imposer. Il a toujours fallu, il faut encore des intelli-

1. De Bernières de Bagnols, Lenain, mère Angélique, Liancourt de Sévigné, etc. Voy. dans *Port-Royal*, par Sainte-Beuve, le chapitre intitulé *Charité de Port-Royal* et certaines pages de M. Alphonse Feillet, qui cherche à montrer que ce n'est pas saint Vincent de Paul qui eut l'initiative des œuvres de l'Assistance publique au début des misères de la Fronde.

gences d'élite et des apôtres à chaque étape de l'humanité, et l'histoire des grandes découvertes, des grands progrès est et restera sans doute l'histoire des grands hommes.

TROISIÈME PARTIE

LES

ÉCOLES D'AVEUGLES

CHAPITRE PREMIER

PHYSIONOMIE

Quand un visiteur pénètre pour la première fois dans une école d'aveugles, c'est le cœur serré, avec un peu de curiosité, mais beaucoup d'appréhension. Il s'attend à voir une maison triste, obscure et silencieuse; quelque chose de mystérieux, presque de lugubre. Une école d'aveugles doit être sombre, puisque les élèves n'ont pas besoin de lumière : quelques jours de souffrance afin de donner de l'air, soit; à quoi bon de vraies fenêtres avec de vraies vitres, laissant entrer le vrai soleil dont les aveugles n'ont que faire, puisqu'ils ne le voient pas? Ce doit être un établissement triste; comment rire en effet ou même sourire quand on vit toujours avec des enfants si malheureux?

On est donc tenté, en franchissant le seuil,

de baisser la voix, comme lorsqu'on entre dans un lieu que la mort consacre, un cimetière, la morgue ou même les remises des pompes funèbres. On s'attend à ne rencontrer dans les couloirs que des ombres d'écoliers se glissant lentement et silencieusement le long des murs, cherchant à tâtons leur chemin.

Eh bien, ce n'est pas cela du tout. Une école d'aveugles est au contraire très éclairée, très animée, très gaie, parfois même très bruyante, la suite de ce récit le fera comprendre.

Voici encore un détail topique montrant bien l'idée que le public se fait d'une école d'aveugles, lorsqu'il s'en fait une. On s'imagine que vu les soins extraordinairement minutieux qu'un aveugle est censé exiger à chaque instant de la journée pour se lever, se coucher, s'habiller, manger et se transporter d'un lieu à un autre, les écoles spéciales doivent avoir un prix de pension absolument fantastique, et plus d'une fois on m'a demandé avec mystère et précaution, alors que j'étais encore écolier, ce que pouvait bien coûter la pension à l'Institution de Paris. On supposait que j'allais énoncer un chiffre énorme laissant loin en arrière les mémoires que les collèges de clairvoyants dressent à la grande stupeur des parents novices.

Aussi quand je disais que la pension à l'Institution nationale des Jeunes-Aveugles était de 1200 francs tout compris, *absolument tout*, habillement, blanchissage et raccommodage, fournitures scolaires de tout genre, soins à l'infirmerie en cas de maladie, peut-être même inhumation en cas de décès, on en était abasourdi.

J'avais soin d'ajouter que, sans doute, la cotonnade de nos chemises, le drap de notre uniforme, n'avaient rien d'efféminé, et que nos vêtements, généralement très propres, étaient toujours fort simples, grande et petite tenue ; que les menus (c'est surtout ce qui passionne le collégien), dressés pourtant sur une élégante pancarte par notre économe, le modèle du genre, ne ressemblaient en aucune façon à ceux de Bignon, et que la nourriture, toujours saine, — du moins on nous l'affirmait avec une singulière persistance, — n'était pas précisément abondante, chose que nous pouvions constater par nous-mêmes.

Mais tout cela ne parvenait à expliquer que très imparfaitement ce phénomène, et ma conclusion était toujours : « Je vois que vous ne vous faites pas une idée bien précise de ce qu'est une école d'aveugles, et ce qui vous éclairera mieux que tous mes discours, c'est d'en visiter une. Venez donc à l'Institution, non au parloir, me faire une visite de 10 minutes, ce qui probablement vous ennuierait beaucoup; venez un mercredi à 1 heure 1/2 ou à 4 heures, vous demanderez le directeur ou son secrétaire, et très volontiers on vous remettra une carte rouge portant votre nom. Muni de ce talisman, vous pourrez passer deux heures à l'Institution; l'aimable personnel vous en fera les honneurs. Vous verrez alors que nous n'exigeons pas de soins particuliers, à part l'enseignement spécial. Vous verrez que nous circulons dans toute l'école avec aisance et rapidité, que point n'est besoin d'avoir sans cesse quelqu'un derrière nous pour nous guider, que les surveillants s'occupent surtout à punir les bavards et les batailleurs, car les écoliers aveugles parlent et se battent comme tous les écoliers du monde, et que notre préoccupation est plutôt de les fuir que de les attirer.

Ce que je disais autrefois, je le répète aujourd'hui, et j'engage les personnes qui ont eu la patience de me lire, à faire encore un effort et à aller visiter l'école d'aveugles qui se trouve le plus à leur portée; tant mieux si c'est celle du boulevard des Invalides ; car il n'en est pas de plus complète ni de mieux organisée [1].

Les écoles d'aveugles sont, pour la plupart, des écoles professionnelles, c'est-à-dire qu'avec l'éducation physique, morale et intellectuelle, elles s'attachent à rendre l'aveugle capable de gagner sa vie, en lui donnant un bon enseignement professionnel. De là, dans toute école d'aveugles bien comprise, quatre ordres d'enseignement ou d'éducation : physique, morale, intellectuelle et professionnelle.

1. Voici par ordre alphabétique toutes les villes de France et de langue française où se trouvent des écoles d'aveugles : Alençon; Amiens; Angers; Arras; Auray; Bordeaux; Chilly-Mazarin; Clermont-Ferrand; Déols; Dijon; Laon; Larnay; Lille; Lyon; Marseille; Montpellier; Moulins; Nancy; Nantes; Paris; Poitiers; Rouen; Saint-Mandé; Saint-Médard-les-Soissons; Toulouse. — Ouvroirs-ateliers : Argenteuil (Seine-et-Oise); Bordeaux; Déols; Dijon; Lyon; Marseille; Moulins; Montpellier; Paris; Saintes; Saint-Mandé; Toulouse. — Belgique : Bruxelles (Woluwe Saint-Lambert); Ghlin-les-Mons. — Canada : Montréal. — Suisse : Lausanne. — Alsace-Lorraine : Illzach (près de Mulhouse).

CHAPITRE II

ÉDUCATION PHYSIQUE [1] — ÉDUCATION MORALE

Plus que tout autre, durant son éducation, l'enfant aveugle a besoin de soleil, de grand air et d'exercice. Trop souvent, en effet, le développement naturel de son pauvre petit corps a été contrarié par la maladie, cause ou résultat de la cécité, et plus encore par la sollicitude exagérée de parents moins judicieux que tendres ; ou bien par la négligence involontaire d'une famille que le labeur quotidien absorbe. Bref, il faut qu'à l'école l'enfant aveugle regagne le temps perdu, qu'il développe à la fois son intelligence et ses facultés physi-

1. Ce qui va être dit de l'éducation physique, morale, intellectuelle et professionnelle, s'applique aux jeunes filles aussi bien qu'aux jeunes gens. Il y a peu de différence dans leur enseignement; elles sont instruites par les mêmes procédés.

ques. Il faut élargir cette poitrine, donner vigueur et souplesse à ces membres trop frêles, raidis par l'inaction, qui ont poussé seulement en longueur, à la manière des tiges venues dans l'obscurité.

Encore plus que celles des clairvoyants, les écoles d'aveugles bien comprises sont placées dans des situations où elles peuvent être littéralement inondées d'air et de soleil; elles ont de vastes cours ou jardins, de grands préaux couverts pour les récréations; de nombreuses fenêtres hautes et larges, par lesquelles, en quelques secondes, des torrents d'oxygène peuvent être introduits dans les classes, les études, les dortoirs, partout enfin où les élèves vivent. A cet égard, le luxe est nécessité; le suffisant serait misère.

La gymnastique enseignée aux aveugles est celle des clairvoyants. Il est évident qu'on n'a pas la prétention de former des gymnastes émérites et de leur apprendre à exécuter des tours de voltige sur le trapèze; non, on s'en tient aux exercices recommandés par l'hygiène: tous les mouvements de bras, de jambes, de tronc; les haltères, les barres parallèles, les échelles horizontales auxquelles on se pend par les mains; les échelles dorsales, excellentes pour relever la poitrine et redresser l'épine du dos, sont fort en honneur. Comme les aveugles ne peuvent copier les mouvements du maître, comme celui-ci doit les démontrer individuellement, pour aller aussi vite qu'avec des clairvoyants, le professeur doit avoir un moins grand nombre d'élèves à instruire. La surveillance doit être aussi plus minutieuse, surtout lorsqu'on en arrive aux exercices qui pourraient présenter quelques dangers.

L'enseignement moral et religieux m'arrêtera encore moins que l'éducation physique, parce qu'il est clair qu'il doit être aussi sérieux, aussi profond, disons le mot, aussi chrétien dans une école d'aveugles que dans une école de clairvoyants, et cet enseignement est donné de la même manière à celui qui ne voit pas qu'à celui qui voit. Il n'y a pas plusieurs morales, il n'y a pas non plus plusieurs manières de la faire aimer et pratiquer; il faut pour cela de vrais éducateurs et, grâce à Dieu, les aveugles n'en ont pas été privés jusqu'ici.

Je me hâte d'arriver à l'enseignement intellectuel et professionnel, qui doit nous occuper plus longtemps.

CHAPITRE III

ENSEIGNEMENT INTELLECTUEL

En 1826, un observateur véritable qui eût visité l'Institution royale des Jeunes-Aveugles, alors installée dans les bâtiments vieux et noirs de l'ancien séminaire Saint-Firmin, 68, rue Saint-Victor, aurait peut-être distingué de la foule des pensionnaires pressés dans cet étroit local un jeune homme de dix-sept ans, dont l'intelligente et sympathique physionomie portait la précoce empreinte de graves préoccupations. Ce jeune aveugle, c'était *Louis Braille*, et le problème qui tourmentait son intelligence, singulièrement ingénieuse et pénétrante, c'était l'élaboration d'un système de lecture et d'écriture appelé à devenir pour l'aveugle un puissant auxiliaire de son enseignement intellectuel et professionnel.

Même avant Haüy, les aveugles qui ont lu ou essayé de lire, l'ont fait tout naturellement avec les doigts; c'est l'index de la main droite qui sert généralement à cet usage; souvent on lui adjoint l'index de la main gauche, qui contrôle la lecture et, avant la fin d'une ligne, va se placer au commencement de la ligne suivante, pour éviter l'interruption que causerait le report du doigt lecteur d'une ligne à l'autre.

Haüy, on se souvient comment, avait eu l'idée de produire en relief sur un papier fort des caractères romains, assez grands pour être tangibles; depuis lui, on avait varié la forme et la dimension de ces caractères, mais toujours en conservant le type vulgaire. Les aveugles lisaient sans doute, mais ils ne pouvaient tracer cet alphabet des clairvoyants qu'avec peine et hésitation, de sorte que, dans l'enseignement, les devoirs écrits continuaient à être composés à l'aide de caractères mobiles et restaient on ne peut plus rudimentaires.

On en était toujours là, lorsque vers 1819 un homme ingénieux, Charles Barbier, officier d'artillerie, eut l'heureuse idée de combiner des points (produits sur du papier résistant, à l'aide d'un poinçon émoussé) de manière à former

36 signes représentant les principaux sons de la langue française. Barbier appelait son système *écriture nocturne*, et il le dédiait aux aveugles et aux personnes arrivées à l'âge mûr sans avoir appris à écrire. C'était une sonographie pouvant rendre des services, mais incapable de satisfaire à tous les besoins d'aveugles lettrés, comme l'étaient Braille et plusieurs de ses condisciples.

Dans l'écriture nocturne, il y avait une idée féconde, Braille le comprit : c'était de prendre le point, non la ligne, comme base du caractère tangible. La ligne est appropriée, en effet, à l'œil, mais pas du tout au doigt, qui s'embarrasse facilement quand cette ligne dessine en relief de petits contours. Le point, au contraire, est toujours clairement tangible, alors même qu'il est fin et rapproché d'autres points. Mais il fallait trouver le vrai mode d'emploi de ces points, en prendre un nombre assez grand pour donner des combinaisons variées, suffisant à fournir des signes pour toutes les exigences de l'orthographe française. Cependant ce nombre devait être restreint, car on aurait eu des signes trop étendus. Braille s'arrêta à 6 points rangés sur deux lignes verticales et dont voici la figure (⠿).

Ces 6 points peuvent fournir 63 combinaisons, à l'aide desquelles on représente tous les signes alphabétiques ; lettres, accents, ponctuations; tous les chiffres; les signes algébriques; les caractères musicaux et des signes sténographiques. En un mot, le système de Braille se prête également à la lecture et à l'écriture des paroles, de la musique, des chiffres et de la sténographie. Chemin faisant, le jeune inventeur imaginait un appareil, vrai chef-d'œuvre de simplicité pratique, à l'aide duquel l'aveugle forme ses signes composés de points avec autant de rapidité et de sûreté que le clairvoyant trace ses caractères formés de lignes.

Cet appareil, qui est une tablette à écrire, se compose d'une plaque de zinc (format in-8°) de 0,002 mm. d'épaisseur, creusée horizontalement de sillons perpendiculaires de vingt-cinq dix millièmes de largeur. Cette plaque est bordée par un châssis de bois ou de zinc qui y est fixé par des charnières; les deux montants du châssis sont percés de trous correspondant aux sillons de huit en huit; dans ces trous s'engagent les goujons d'un guide, formé par une lame de cuivre percée régulièrement de deux rangées horizontales de rectangles allongés dans le sens vertical; chaque rectangle dans sa hauteur enferme trois sillons, soit 0,0075; dans sa largeur, il peut contenir deux points l'un à côté de l'autre, ce qui permet de faire 6 points par rectangle (⠿). Un sillon reste vide après chaque rangée de rectangles, pour séparer les rangées ou lignes de signes.

Une feuille de papier un peu fort, comme du papier à dessin, est placée sur la plaque sillonnée; le châssis et des pique-papier la maintiennent. Cette tablette et ce poinçon, parfaitement adaptés aux aptitudes de l'aveugle, sont maniés par lui avec une rapidité, une sûreté impossibles à atteindre par les autres systèmes; de plus, les points manuscrits sont aussi lisibles que ceux qui sont imprimés.

Je crains d'avoir été bien long en parlant de Braille et de son invention, mais on me pardonnera, vu l'immense importance qu'a ce système et le rôle capital qu'il joue dans l'instruction et dans la vie des aveugles.

Un fait curieux à noter, c'est que les enfants aveugles apprennent à lire et surtout à écrire en moins de temps et avec moins d'efforts que les enfants clairvoyants, particularité due à la logique simplicité du système Braille. Après cet enseignement préliminaire, l'écolier aveugle étudie la grammaire, la littérature, l'histoire, etc. Il est toute la journée armé de son poinçon dont il se sert pour travailler et pour jouer autant que l'écolier clairvoyant se sert de sa plume.

L'enseignement de la géographie et des mathématiques nécessite, pour être complet et suffisamment rapide, certains appareils spéciaux assez intéressants. Pour l'arithmétique, indépendamment de la tablette Braille, sur laquelle on peut faire toutes les opérations, il existe divers appareils à calculer qu'il serait trop long de décrire [1].

Les aveugles sont aussi très exercés à compter mentalement; ce genre de calcul leur est plus utile qu'à qui que ce soit, et souvent ils y acquièrent une promptitude remarquable.

Pour l'enseignement de la géométrie, on se sert d'une collection de figures en relief d'assez grande dimension, composées de lignes coulées et de lignes formées de points. Les lettres nécessaires à la démonstration sont placées là où elles doivent être, comme pour les clairvoyants; seulement ce sont des caractères Braille.

1. On peut voir ces appareils et tous ceux qui servent à l'enseignement des aveugles réunis au Musée Valentin Haüy, 9, rue Duroc, Paris.

Chaque élève possède un cahier de figures, qui correspond par des numéros avec son rudiment de géométrie, et, en classe, il a toujours sous les doigts la figure que le maître démontre ou fait démontrer; de là un enseignement facile, clair et rapide. On a également une collection de *solides* en bois, divisibles, et tout un assortiment de mesures du système métrique; mais dans ces collections, rien de particulier aux aveugles, puisqu'elles sont prises tout simplement à la maison Hachette. Seulement, dans la démonstration, le professeur ne se borne pas à montrer de loin l'objet aux élèves; il le leur fait manipuler, afin qu'ils se rendent bien compte des formes et des particularités de chaque chose.

La géographie est enseignée à l'aide de cartes en relief, que les élèves ont sous les doigts pendant que le professeur explique la contrée étudiée. Des globes terrestres sont préparés en relief, afin que les aveugles comprennent bien la position relative des diverses parties du monde.

On imprime les cartes tangibles sur papier très fort; les contours des terres, des mers sont indiqués par des lignes saillantes, coulées; les cours d'eau, les chemins de fer sont figurés par d'autres traits saillants, lignes coulées, ou successions de points; l'initiale des principales villes, capitales, chefs-lieux, etc., est marquée par des types Braille. A l'aide de cartes semblables, les élèves arrivent aisément à une connaissance exacte de la géographie.

Les lectures à haute voix, si goûtées par les aveugles, tiennent une place sérieuse dans leur enseignement. Il n'est pas de moyen plus rapide de leur faire connaître les chefs-d'œuvre littéraires de tous les pays, de toutes les époques et le détail des événements historiques. Les relations des grands voyageurs sont aussi inscrites au programme de ces lectures et en augmentent l'attrait.

L'enfant aveugle qui n'a jamais vu un édifice, une maison, un bœuf, une citrouille, un navire, etc., n'aura de ces choses qu'une idée très vague si vous vous bornez à lui en faire la description. Monuments, animaux, plantes, etc., doivent être mis entre ses mains, afin qu'il se rende compte de toutes leurs particularités. Sans doute il est difficile d'introduire dans une classe la colonne Vendôme, ou même un éléphant du Jardin des Plantes, mais il existe des jouets très bien faits qui représentent tout cela en carton ou en d'autres substances, et l'on s'en sert pour ce genre d'enseignement. Quand les graines, les fruits, les animaux peuvent être présentés au naturel, vivants, séchés ou empaillés, rien de mieux, car il importe d'être aussi réaliste que possible.

J'ai parlé de la colonne Vendôme. Un organiste aveugle rêvait de connaître la statue qui la surmonte, mais comment y arriver, comment la palper? Quand vint la Commune, et que l'homme de bronze tomba avec le monument sur le fumier de la place Vendôme, notre aveugle se dit qu'il trouvait là une occasion unique de « voir », de palper plutôt, le Napoléon connu de tous les Parisiens. Il s'achemina donc vers la place et, au prix de mille difficultés, trouva moyen de rompre les cordons de fédérés et de s'approcher du grand homme étendu. Pendant ce temps, un garde national, qui, par hasard, avait compris ce que voulait l'organiste, se mit en devoir de lui faire un cours d'histoire contemporaine : « Considérez, disait-il, le tyran qui... que... etc. »; mais l'aveugle n'écoutait pas et continuait à palper en tous sens. Depuis lors, il est content : il a « vu » la statue de l'Empereur.

Suivant l'âge des élèves, la leçon de choses devient peu à peu un cours d'histoire naturelle, enseignement qui doit être pour l'aveugle encore plus détaillé que pour le clairvoyant et dans lequel, les planches coloriées n'étant d'aucun secours, il faut absolument mettre entre les mains des élèves les modèles plastiques des principaux représentants des trois règnes.

Enfin il est important que l'aveugle instruit, l'aveugle qui aura une profession, puisse être, sans le secours de personne, en relations écrites avec les clairvoyants auxquels il aura affaire. Aussi a-t-on mis à sa portée divers moyens de former les caractères vulgaires. Les uns sont purement mécaniques et ne nécessitent aucune adresse; les autres réclament, au contraire, une dose plus ou moins grande d'habileté. Les premiers exigent des appareils assez compliqués, tandis que les écritures tracées avec le crayon, ou simplement avec une pointe arrondie, s'obtiennent sur des appareils beaucoup plus simples.

Nous avons, en outre, divers guide-mains, utiles surtout aux adultes frappés de cécité qui désirent continuer à écrire à la plume ou au crayon, par exemple l'appareil Braille-Foucault, permettant à l'aveugle le moins adroit de former tous les caractères vulgaires par une succession de petits points colorés. Puis vient la *stylographie,* du comte de Beaufort, avec laquelle l'aveugle peut relire ce qu'il a écrit et même lire ce qu'un claivoyant a tracé à son intention. On place du papier un peu fort sur une feuille de carton recouverte de drap et divisée par des raies saillantes; le stylet, pointe de bois, d'os ou de fer, tenu comme un crayon par la main droite, est guidé par l'index gauche. On écrit de droite à gauche, afin qu'en retournant le papier les caractères puissent être lus de gauche à droite et dans leur sens normal. Un clairvoyant qui écrit à un aveugle n'est point tenu à ce renversement; l'aveugle, sachant tracer les lettres renversées, peut aussi les lire.

CHAPITRE IV

ENSEIGNEMENT MUSICAL

Il est beau sans doute de savoir l'orthographe, l'arithmétique, la géométrie et le reste. Le mécanisme du participe, l'extraction des racines cubiques, la théorie du carré de l'hypoténuse ont pour l'esprit des charmes incontestés et pour le cœur, dit-on, une singulière vertu moralisatrice. Malheureusement les progrès réalisés jusqu'à l'an de grâce 1888 n'ont pas rendu ces utiles connaissances aussi substantielles pour l'estomac que pour le cerveau. Le relèvement social de l'aveugle sans fortune ne peut donc être consommé qu'à la condition de lui donner un complet enseignement professionnel.

Sera-t-il ouvrier, sera-t-il musicien? Telle est d'abord la question qui se pose lorsqu'un enfant aveugle entre à l'école. Cette question est capitale : le meilleur ouvrier aveugle, à moins qu'il ne joigne un petit trafic à son industrie, n'arrivera jamais par son seul travail qu'à manger du pain sec. Le musicien au contraire peut, dans un milieu propice et avec du talent et de l'ordre, sortir de la médiocrité pécuniaire. Le *nouveau* est donc soumis à une minutieuse inspection. On examine la conformation de ses mains, on lui fait chanter la chanson qu'il sait le mieux pour voir s'il a le sentiment de l'intonation et du rythme; enfin, par de nombreuses questions, on tâche de pénétrer la nature de son esprit.

Si le maître expérimenté chargé de cette enquête le juge convenable, l'enfant est inscrit dans les classes d'essai de solfège et de piano, où tous les jours ses facultés musicales sont cultivées avec soin. Bien que les professions fournies par la musique soient jusqu'ici les plus avantageuses pour l'aveugle, on ne s'entête pas cependant à faire des musiciens malgré tout, et, dans les écoles bien organisées, de fréquents examens font promptement justice des élèves réfractaires à l'art; ceux-là sont exclusivement voués à l'apprentissage d'un métier manuel.

Pour être vraiment fructueux, il faut que

l'enseignement musical donné aux aveugles soit très sérieux.

Il ne s'agit pas en effet de métamorphoser ces enfants en boîtes à musique, exécutant au commandement un air appris par un long et pénible serinage; non, ce résultat, suffisant pour faire pâmer le curieux naïf qui visite l'école, n'a aucune utilité pratique pour l'avenir. Il s'agit de former des musiciens, des musiciennes, ferrés aussi bien sur la théorie que sur la pratique de leur art. C'est pourquoi l'on ne se borne pas à rompre les doigts de l'enfant aveugle au mécanisme du piano, de l'orgue, du violon, de la flûte ou du hautbois; on soumet avec une pareille insistance son esprit et son oreille à la bienfaisante gymnastique du solfège et de l'harmonie, qui mène à la composition vocale et instrumentale.

Ce qui permet maintenant aux aveugles de faire des études musicales rationnelles, étendues, utiles pour leur carrière, c'est l'excellente musicographie dont Braille les a dotés. Les 63 signes résultant de la combinaison des 6 points (⠿) suffisent pour noter d'une manière claire et rapide toute espèce de musique, depuis la plus simple romance *rossinienne* jusqu'aux plus touffus ensembles symphoniques de l'école wagnérienne. Les notes de la musicographie Braille indiquent par elles-mêmes leur intonation aussi bien que leur durée. Il n'y a donc pas de portée; tous les signes se succèdent sur une ligne horizontale. Cette disposition est favorable à une prompte lecture tactile, puisque le doigt n'a pas à se déplacer de haut en bas et de bas en haut, mais suit toujours une même direction de gauche à droite. Elle a encore l'avantage d'occuper environ moitié moins d'espace que la musique ordinaire.

La bibliographie des musiciens aveugles est déjà considérable; ils ont non seulement la musique imprimée à leur usage dans divers pays, mais encore celle qui a été écrite à la main par une foule de copistes spéciaux.

En général, l'aveugle est obligé de savoir par cœur la musique qu'il interprète [1]; cependant le chanteur peut très bien lire et exécuter simultanément, puisque, en chantant, ses mains sont libres. Voici comment on procède. Le bon musicien aveugle dont la mémoire est assez

1. Il est utile de dire que pour le jeu des instruments de cuivre, qui n'exigent qu'une main, et dans certains cas à l'orgue, les aveugles lisent de la main gauche ce qu'ils exécutent avec la main droite en y ajoutant la pédale lorsqu'ils sont à un orgue.

développée retient très bien un morceau, même long et compliqué, après une ou deux lectures attentives, mais purement mentales, sans le secours d'aucun instrument. Dans d'autres cas, on lit de la main gauche la partie de la main droite, partie que cette main exécute simultanément à la lecture; puis le contraire est fait; la main droite lit la partie de la main gauche, et enfin les deux mains exécutent ensemble les parties apprises séparément. La mémoire des notes, comme celle des mots, se développe prodigieusement par un exercice quotidien et rationnel, surtout lorsque la connaissance de l'harmonie permet de comprendre ce que l'on apprend.

A cet égard, les aveugles *phénomènes* sont nombreux : un de mes condisciples, qui trois fois par semaine allait au Conservatoire, où il suivait la classe d'orgue de César Franck, apprenait ses *fugues*, *toccatas* et autres *bassacailles* de Bach dans l'omnibus qui le conduisait du boulevard Montparnasse à la rue Bergère. Il prétendait que son esprit n'était jamais mieux disposé à retenir un *contre-sujet* ou une *strette* de Bach qu'entre la rue Saint-Placide et le boulevard Montmartre.

L'avenir est assuré pour l'enfant aveugle qui

arrive à jouer du piano en musicien, c'est-à-dire en comprenant, en analysant ce qu'il exécute; mais le succès est bien plus certain encore pour celui qui, au talent de pianiste, joint le savoir de l'accordeur. L'apprentissage de l'accordage et de la réparation des pianos prend une importance croissante dans les écoles d'aveugles. Cet enseignement professionnel tient le milieu entre l'étude de la musique et l'apprentissage des métiers. En effet, l'aveugle est à la fois artiste, par l'oreille musicale développée chez lui à un haut degré, et mécanicien, car il doit faire dans le mécanisme du piano les petites réparations n'exigeant pas la remise de l'instrument en chantier.

Si du piano vous n'avez jamais vu que les touches blanches et les touches noires, et que vous soyez curieux d'examiner les organes les plus intimes de cet instrument, il faut aller à l'Institution nationale des Jeunes-Aveugles de Paris, vous mêler quelques instants aux apprentis accordeurs. On vous fera manipuler, monter, démonter, remonter, redémonter cordes, marteaux, étouffoirs, touches; vous en reviendrez non parfait compagnon vous-même, mais très bien édifié sur la manière dont les accordeurs aveugles sont préparés à devenir maîtres ès arts. C'est un fait remarquable et peu connu que les écoles d'aveugles ayant systématisé l'enseignement de l'accord des pianos, ce n'est que là qu'on initie l'aspirant accordeur aux redoutables mystères du *tempérament*, et que l'on a substitué dans cet art l'étude rationnelle au simple empirisme

Le résultat est de former des accordeurs qui, par la délicatesse de leur ouïe, par la sûreté de leur main et l'excellence de leur méthode, défient toute concurrence, et dont la supériorité a été souvent reconnue par des artistes de premier ordre.

Les jeunes filles apprennent la musique comme les jeunes gens, mais ne pratiquent pas l'accord.

CHAPITRE V

ENSEIGNEMENT INDUSTRIEL

Bien des travaux manuels peuvent être enseignés aux aveugles, car dans beaucoup de métiers il n'est pas nécessaire que la main soit guidée par l'œil. Ce qui a fait choisir tel ou tel métier, c'est d'une part la promptitude avec laquelle l'aveugle peut exécuter le travail, et d'autre part la facilité d'écoulement que peut avoir l'objet manufacturé.

Dans nos écoles françaises, les garçons apprennent la brosserie, le cannage et l'empaillage des sièges, le filet, le tournage, la vannerie, la paillassonnerie; les jeunes filles, toute espèce de tricots et d'ouvrages au crochet, le filet, la couture, la direction des machines à tricoter.

Un fait intéressant, constaté depuis longtemps, c'est que pour les aveugles, les meilleurs maîtres sont les maîtres aveugles. Le professeur clairvoyant, sauf de très rares exceptions, n'arrive pas à se défaire dans son enseignement de certains préjugés, de certaines idées plus théoriques que pratiques. A l'opposé, le maître aveugle sait parfaitement quel chemin il faut faire prendre à son élève pour atteindre le but qu'il a atteint lui-même. La main du clairvoyant guidant celle de l'aveugle pour lui faire nouer la maille d'un filet, lui faire tordre un cordon de paille, serrer un loquet de chiendent ou de soie, est le plus souvent trop lourde ou trop légère; elle gêne ou n'indique pas assez. Le juste milieu est plus facilement atteint par l'aveugle qui, ayant eu à apprendre pour son propre compte, a été placé dans les conditions où se trouve l'élève ou l'apprenti qu'il doit instruire.

Pour la plupart des métiers, l'ouvrier aveugle emploie les mêmes outils que l'ouvrier clairvoyant; quelques instruments cependant ont dû être modifiés, additionnés de certains appendices qui en facilitent l'usage à l'aveugle. Tout brossier par exemple a, pour couper la soie de sa brosse, des ciseaux ou cisailles larges et longues dont une des branches est fixée à son établi; la main gauche tient la brosse par le bois, la main droite fait manœuvrer la branche libre des cisailles; le regard dirige l'opération, facile d'ailleurs, puisqu'il s'agit simplement de couper tous les rangs de bouquets de soie à la même hauteur que le rang type, dont la dimension a été indiquée par un modèle.

Afin que l'aveugle soit sûr de son coup de ciseaux, on a ajouté un support ou guide horizontal et parallèle à la branche fixée à l'établi. Ce support est mobile; il peut à volonté être éloigné ou rapproché de la lame fixe; l'ouvrier prend ses dimensions d'avance, y conforme son guide, puis il ne lui reste plus qu'à appuyer en toute confiance le bois de la brosse contre le guide qui soutient aussi cette brosse et à actionner la lame mobile, qu'il manœuvre alors avec la même promptitude et la même sûreté que le clairvoyant [1].

C'est ainsi qu'on instruit les aveugles, qu'on les prépare selon leurs facultés à entrer dans la vie pour s'y mêler à la foule des travailleurs. Maintenant il nous reste à voir ce qu'ils deviennent dans le monde, quelle attitude ils y prennent, quel rôle ils jouent dans la société.

1. J'ai choisi la description de cet outil, parce qu'on peut facilement le voir fonctionner entre les mains des brossiers aveugles que l'Association Valentin Haüy fait travailler, 9, rue Duroc, Paris.

QUATRIÈME PARTIE

LES AVEUGLES DANS LA SOCIÉTÉ

CHAPITRE PREMIER

L'AVEUGLE AUTREFOIS

L'aveugle ayant dans le monde une vie active, une vie utile, est chose neuve, si neuve, que beaucoup de gens n'y croient pas. La tradition des siècles était que, sauf des exceptions insignifiantes, l'aveugle-né, celui qui avait perdu la vue avant d'avoir creusé son sillon, restait un être faible, mineur, en tutelle, devant se croire heureux lorsqu'il n'était pas opprimé.

Le *Lévitique* disait : « Vous ne parlerez point mal du sourd, et vous ne mettrez rien devant l'aveugle qui puisse le faire tomber [1]. » Chez les Hébreux, l'aveugle devait pouvoir manger en paix le pain mendié sur le bord des chemins.

1. Le *Lévitique*, chap. XIX, verset 14 : « Nec maledices surdo, nec coram cæco pones offendiculum. »

Dans la société païenne il n'avait pas cette garantie, et, comme tous les infirmes incapables de porter les armes, il était peu apprécié; quand on ne le supprimait pas dès la naissance[1], que devenait-il? De plus érudits que moi le diront. Avec le christianisme vint le respect de la souffrance divinisée, l'aumône abondante. Le riche doit nourrir l'infirme, le pauvre, rapproché de Dieu par le malheur, prie pour payer sa dette et rend en biens spirituels le bien temporel reçu. Comprise ainsi, la mission de l'aveugle pouvait avoir de la grandeur; mais pour demeurer telle, il eût fallu chez lui une rare élévation de pensées et de sentiments.

Dans la pratique, les aveugles vaguaient par les chemins, les bourgs et les villes, les uns mendiant sans phrases, les autres, « symphonie sur le dos », cherchant à distraire nobles, bourgeois, manants, en accompagnant sur leur

1. On lit dans le *Manava-Dharma-Sastra* de Manou, livre IX, vers 201 et 203 : « Les aveugles et les sourds-muets de naissance, les muets et les estropiés ne sont point aptes à hériter; mais il est juste que tout homme sensé qui hérite leur donne, autant qu'il est en son pouvoir, de quoi se couvrir et subsister jusqu'à la fin de leurs jours; s'il ne le faisait pas, il serait criminel. » Autre était la coutume de Lacédémone : aux environs de la ville se trouvait le gouffre dit Barathre, où l'on jetait les nouveau-nés contrefaits ou infirmes.

instrument de prédilection les *chansons de geste*.

Mais ils ne s'en tinrent pas aux épopées de nos héros : ils joignirent souvent à la chanson de geste des jongleries, des pantomimes et des chansons[1] qui auraient pu avoir maille à partir avec la censure. Dans les pèlerinages, on les trouvait en nombre ; leur tenue manquait

1. Nous voyons par une intéressante brochure, *Memorie storiche sui ciechi*, que les aveugles de Padoue qui gagnaient leur vie en mendiant ou avec la profession de joueurs d'instruments ou de chanteurs vagabonds domiciliés à Padoue ou dans son district, étaient obligés de faire partie de la confrérie sous peine d'une amende pécuniaire fixée à 19 deniers, et qui devait être exigée toutes les fois qu'ils étaient trouvés quêtant après avoir refusé l'agrégation... L'amende condamne à 10 sous celui qui offense avec blasphème Dieu et la Madone, au déboursé de 5 sous même celui qui, ayant entendu le frère blasphémer, ne le dénonce pas dans les cinq jours au gardien de la confrérie. D'un autre côté, la charité fraternelle était recommandée de toutes manières, je dois même dire imposée. Malheur à qui osait vilipender, insulter, envier un confrère ! c'était un délit moral passible d'une amende (voy. Ordonnance 15). Si quelqu'un trouve un confrère qui a perdu sa route, ou ne sait pas retrouver sa maison, il le met sur son chemin, et même l'accompagne à son habitation et lui offre de l'argent, jusqu'à 20 sous, s'il en a besoin. A ce subside, la caisse commune suppléera ensuite en remboursant le bienfaiteur, ou bien, si l'argent manquait, les confrères concourraient tous avec une part égale. Malheur à celui qui priverait le frère de l'enfant qui lui sert de guide ! Bien qu'il l'ait fait d'une manière bénévole, il sera dans tous les cas puni par une amende de 20 sous ; si quelqu'un tombe malade, après cinq jours il a le secours de la confrérie de 3 sous par jour jusqu'à ce qu'il se remette et retourne à son métier ; s'il en meurt, tous les « frères » interviennent à ses funérailles portant un cierge allumé et prient pour l'âme du trépassé, en récitant vingt *Pater noster* et autant d'*Ave Maria*.

parfois de piété. Ils se préoccupaient moins, disent toujours les chroniqueurs, d'honorer benoîts saintes ou saints, que de déguster le vin des crus avoisinant le sanctuaire [1].

Une moralité du xve siècle, *le Miracle de saint Martin*, par André de la Vigne (1496), nous donne un trait de mœurs assez significatif. Elle met en scène un aveugle et un boiteux qui vivent joyeusement du produit de leurs infirmités; ils se réjouissent de pouvoir de la sorte faire grasse chère et larges libations en exploitant la piété des bons chrétiens. Mais le bancroche apporte tout à coup à son compère une terrible nouvelle : un grand saint vient de mourir; on va porter en procession son corps à l'église et on dit que ses reliques ont une puissance miraculeuse, tellement irrésistible que sur leur passage tous les malades sont guéris. L'aveugle est terrifié : « Dieu, s'écrie-t-il, si le saint allait nous guérir, que devien-

1. Un érudit, M. Léon Le Grand, archiviste aux Archives nationales, s'est livré à de savantes recherches sur la condition des aveugles au moyen âge et sur l'histoire des Quinze-Vingts. Voy. le *Valentin Haüy*, revue universelle des questions relatives aux aveugles, 4e année 1886, n°s 5 et suivants, et du même auteur, *Les Quinze-Vingts depuis leur fondation jusqu'à leur translation au faubourg Saint-Antoine* (XIIIe-XVIIIe siècle). Mémoires de la Société de l'histoire de Paris et de l'Ile-de-France, t. XIII et XIV.

drions-nous? Il nous prendrait notre gagne-pain! » Le boiteux répond qu'il faut filer au plus vite. — « Oui, dit l'aveugle,

> .... en la taverne,
> J'y vais bien souvent sans lanterne. »

Mais l'allure accélérée est peu familière au premier, et son compère n'y voit goutte; ils ont une idée ingénieuse : le boiteux grimpe sur les épaules de l'aveugle et, ainsi associés, ils courent au cabaret voisin. Malheureusement leur fuite est quelque peu embarrassée; le cortège survient, la châsse du saint passe et les deux drôles sont guéris. Le boiteux est furieux de se sentir solide sur ses pieds, mais l'aveugle (et la distinction est assez fine) éclate en transports involontaires. « Hélas! dit-il, je ne savais pas quel grand bien c'était que de voir clair! Je vois la Bourgogne, la France, la Savoie, et je remercie Dieu humblement! »

Il faut aussi être de bon compte et reconnaître qu'on faisait peu pour donner à ces joyeux vivants des notions austères sur le respect que l'on se doit à soi-même.

Le *Journal d'un bourgeois de Paris* nous apprend qu'en 1425, « le darrenier dimenche du moys d'aoust fut fait ung esbatement en l'ostel nommé d'Arminac[1], en la rue Sainct-Honoré, que on mist IIII aveugles tous armez en ung [parc], chascun ung baston en sa main, et en ce lieu avoit ung fort pourcel, lequel ilz devoient avoir, s'ilz le povoient tuer. Ainsi fut fait, et firent celle bataille si estrange, car ilz se donnèrent tant de grans colpz de ces bastons que de pis leur en fust, car quant [le mieulx] cuidoient frapper le pourcel, ils frappoient l'un sur l'autre, car se ilz n'eussent esté armez pour vray, ilz s'eussent tué l'un l'autre.

« *Item*, le sabmedi vigille du dimenche devant-dit, furent menez les ditz aveugles parmi Paris, tous armez, une grant banière devant, où il avoit un pourcel pourtraict, et devant eulx ung homme jouant du bedon. »

On leur donna parfois un emploi plus noble. Un chroniqueur raconte qu'une année il y eut à Paris des brouillards tels qu'on avait grand'-peine à se diriger en plein jour; les Quinze-Vingts, eux, n'en éprouvaient aucune incommodité, et, comme ils étaient parfaitement

1. *Journal d'un bourgeois de Paris*, publié par Tuetey, publ. de la Soc. de l'hist. de Paris, 1881, in-8°, p. 204. Une estampe représentant ce spectacle fut gravée vers l'an 1600. Voy. *Collection Bonnardot*, vendue en mars 1838, n° 149.

familiarisés avec les moindres impasses de leur « bonne ville », ils se transformèrent en guides publics. On les louait à tant l'heure; on prenait un pan de leur robe et l'on circulait ainsi sans danger. Dans Paris, les Quinze-Vingts étaient maîtres et seigneurs [1]; là, et même en province, lorsqu'ils voyageaient pour leurs affaires (car ils en avaient), la fleur de lis attachée sur leur poitrine, et qui leur avait été concédée en bonne forme par Philippe le Bel, leur assurait la meilleure place au porche du sanctuaire. Il y a partout des aristocraties... Ils avaient de fréquents démêlés avec les aveugles de Chartres, les Six-Vingts, à cause de la fameuse fleur de lis, qui n'était pas emblème banal et qui avait une grande importance. Philippe le Long avait donné à ceux-ci la fleur de lis accompagnée d'un croissant d'argent, mais les Chartrains, ayant tout avantage à se faire prendre pour leurs hauts et puissants confrères de Paris, oubliaient volontiers le croissant; de là contestations [2], réclamations et pis encore.

1. Par arrêt du Parlement du 4 février 1634, les aveugles des Quinze-Vingts avaient seuls le privilège de quêter dans les églises de Paris « avec robe et bassin ».

2. En 1312, Philippe IV accorda aux Quinze-Vingts le privilège de porter une fleur de lis sur leur vêtement de dessus

Depuis que saint Louis avait créé les Quinze-Vingts, non pour les trois cents chevaliers légendaires, comme on l'a dit à tort, mais pour les aveugles de la Cité de Paris, cette œuvre eut toujours des faveurs spéciales. Les fidèles, les princes, les rois, les papes s'occupèrent des Quinze-Vingts; on fit des dons, des legs; les rois, à commencer par Louis IX, accordèrent des pensions, des privilèges et immunités; les papes publièrent des bulles pour recommander la communauté. C'était en effet une véritable congrégation : biens mis en commun, titre de frère et sœur aveugle, règle,

à la hauteur de la poitrine. « En 1350, Jean II, désireux de supprimer les brigues et les discordes entre les « pauvres de Dieu », détermina minutieusement la forme de la fleur de lis que chaque hôpital avait le droit de posséder. D'après cette décision, les Quinze-Vingts conservaient leur fleur de lis pleine, couleur de safr[illegible] et la portaient cousue sur la poitrine au-dessus de la boî[illegible] u'ils suspendaient à leur cou.

« Les aveugles de Chartres, au contraire, devaient porter la leur plus bas que la boîte et ajouter à cet insigne de couleur jaune un petit croissant blanc, de la largeur d'un doigt, qui recouvrait la partie inférieure de la fleur, tout en laissant passer en dessous l'extrémité de la branche du milieu. Ils ne pouvaient plus envoyer à Paris que quatre quêteurs avec un serviteur. » *Les Quinze-Vingts depuis leur fondation jusqu'à leur translation*, etc., déjà cité, p. 151.

Les Quinze-Vingts mettaient la fleur de lis un peu partout; on la trouvait jusque sur les sacs de farine de l'hôpital; c'est toujours M. Léon Le Grand qui nous apprend ce détail. D'ailleurs c'est à son étude si consciencieuse sur les Quinze-Vingts qu'il faut avoir recours quand on est désireux d'approfondir l'histoire de cet antique et curieux hospice.

costume, constitution spéciale, offices chantés dans la chapelle, rien n'y manquait.

Avec le temps, messires les Quinze-Vingts devinrent riches; ils formaient corps et tenaient rigoureusement à leurs prérogatives. A Paris, ils rabrouaient d'importance les quêteurs intrus, clairvoyants ou aveugles, qui se permettaient de chasser sur leurs terres [1]. Non seulement aux Augustins, aux Théatins, à Saint-Eustache

1. Interrogatoire de Pierre du Poty, frère aveugle, accusé d'avoir frappé une mendiante au cimetière des Innocents : « A dit que le jour de Toussaints dernier, luy parlant ayant baillé au petit garson qui le conduit six solz en doubles pour luy achepter à disner, ledit petit garson luy vint dire que laditte fille luy avoit frappé sur le bras, fait tomber son argent et iceluy emporté; et que laditte fille, avec autres filles de sa compagnie, luy apportent ordinairement des solz de fer ou de plomb à changer, luy jettent de la boue dans son bassin, ostent la pierre sur laquelle il se sied, à cause qu'il ne les veult souffrir mendier leur vie près laditte pierre, ce qui fust cause que, ledit jour de mardy, ledit petit garson lui ayant dit que laditte fille venoit de passer avec deux autres filles mendiantes, et luy avoit jetté deux pierres dans son bassin, il se fist conduire par ledit petit garson à l'endroit où lesdittes filles estoient assizes près des charniers, avec d'autres filles au nombre de douze ou quatorze, et ayant ledit petit garson pris par le bras laditte fille et dit que c'estoit elle, qu'il parlant recongneust à sa parolle, il deschargea seullement deux coups de son baston sur le corps de laditte fille.....

« A dit que ce qu'il en a fait a esté par promptitude de cholère, après plusieurs offenses qu'il a receues de laditte fille, laquelle l'appelle ordinairement yvrongne, ce qu'elle a fait encores vendredy dernier, et ceulx dudit hospital qui questent audit lieu retirent tant d'indignitez des filles mendiantes, qu'elles leur ostent quelquefois leurs bassins... » Voy. *les Quinze-Vingts*, déjà cité, p. 120.

et ailleurs, ils avaient l'exploitation du portail, mais encore la singulière coutume de courir obséquieusement les quatre coins de l'église, nef et bas côtés, pour indiquer aux fidèles le saint du jour, puis le droit de réciter tout haut leurs oraisons pendant que les simples mortels priaient en silence. Énumérant les tracas de Paris au XVIIe siècle, Colletet disait [1] :

Item ceux qui n'ont point de veüe,
Qui campent au coin d'une rüe,
Ces aveugles, qui, d'un haut ton,
Frappant leurs boëstes du baston,
Prosnent le saint à pleine teste,
Dont ce jour là l'on fait la feste.
L'un dit : « Messieurs n'oubliez pas
Un pauvre homme qui ne voit pas ! »
Et l'autre, afin qu'on s'en souvienne,
Dit l'oroison et dit l'antienne,
De la sainte ou du patron
Auquel on a dévotion.
Surtout ce qui le monde trouble,
C'est le tac-tac qu'il fait d'un double,
Depuis 3 heures du matin,
Contre le cu de son bassin.
De mon temps, je sçay bien un homme,
Qu'il n'est pas besoin que je nomme,
Qui d'un lieu sortit avec soin,
Car sa maison faisoit le coin

1. *Les Tracas de Paris*, par François Colletet, édités en 1666, réédités par Lacroix. *Paris burlesque*, 1878, p. 318. *Les aveugles.*

D'une rue assez grande et belle,
Où deux aveugles sur leur selle,
Le rendoient si fort estourdy
Du matin jusques à midy,
De leurs oroisons répétées
Et de leurs ammosnes comptées,
Qu'il ne pouvoit ny sommeiller,
Ny dans l'estude travailler [1].

Je ne prétends pas sans doute qu'avant le XIXe siècle il n'y ait point eu des aveugles ayant su se rendre utiles, gagner leur vie par le travail et partant acquérir dignité et indépendance; il y en eut dans tous les temps, il y en a dans tous les pays. Au Japon, depuis la plus haute antiquité — qu'est-ce qui n'est pas antique dans ce pays-là? — presque tous les aveugles sont masseurs, presque tous les masseurs sont aveugles, si bien que l'on demande indifféremment le masseur ou l'aveugle. Et comme les masseurs sont, chez nos amis des antipodes, gens fort achalandés, attendu que tout le monde se fait masser, il en résulte que les aveugles réalisent de beaux bénéfices, et lorsqu'ils ont mis de l'argent de côté, ils augmentent vite leur pécule en prêtant à gros intérêt. Une profession lucrative et originale est encore celle

1. Dès le mois de juillet 1780, on supprima les quêtes des Quinze-Vingts. Voy. *les Quinze-Vingts*, déjà cité, p. 191.

exercée par certains aveugles du Caire : chez les musulmans pieux il est d'usage, après la mort de quelqu'un haut placé, de faire réciter tous les jours le Koran pendant trente jours consécutifs par trois spécialistes qui se relèvent; un aveugle sachant le Koran et ayant bonne voix (condition de rigueur) a, paraît-il, peu de chômage. Mais quittons l'Égypte et le Japon et les aveugles d'autrefois, et voyons les aveugles d'aujourd'hui, les fils de Valentin Haüy.

CHAPITRE II

L'AVEUGLE AUJOURD'HUI

Je voudrais vous faire entrer, comme j'y entrais hier encore, dans l'intérieur d'un aveugle, ouvrier vivant, avec femme et enfants (deux fillettes), du travail quotidien, sans le secours de personne. La famille est locataire dans une des petites maisons qui forment l'impasse de la Tour-de-Vanves (Paris-Plaisance).

Bien qu'en avril, il faisait froid. Il était 8 heures 1/2 du soir. Le père venait de rentrer de l'atelier, une heure plus tard que de coutume; l'ouvrage pressait, par hasard. Le frugal souper à peine terminé, tout en m'adressant quelques joyeuses paroles de bienvenue, le brave ouvrier, sans perdre une minute, décroche de la muraille un épervier en train et se met courageusement à la besogne, disant avec bonne humeur : « Allons, c'est notre loyer qu'il faut maintenant gagner. » Il est en effet brossier à l'atelier, de 7 heures du matin à 7 heures du soir, et filetier chez lui, de 8 heures à minuit; la femme range prestement la vaisselle, 4 assiettes, et peu de chose avec, et de l'autre côté de la table, où l'épervier est fixé, installe son ouvrage.

Elle est brocheuse; tous les jours, ou plutôt tous les soirs, elle coud des centaines et des centaines de cahiers, surtout le petit dictionnaire Larousse; si elle avait le temps de regarder ce qui emplit ces colonnes serrées, elle verrait là la définition de bien des mots, de bien des choses qui ne seront jamais que des mythes pour elle : repos, fortune, et même bien-être et sécurité.

Je ne dis pas bonheur, et avec intention, parce qu'il est partout et nulle part, et que sa définition reste à faire...... Mais la brocheuse a bien le temps de lire ! il faut coudre, coudre, encore coudre, toujours, hâtivement, joindre les cahiers aux cahiers; ce n'est payé *qu'un franc le mille!* « Aujourd'hui, me dit-elle, je n'ai eu l'ouvrage que très tard dans l'après-midi; il y en a pas mal, je suis bien là jusqu'à une heure du matin, car, *il n'y a pas à dire*, il faut que demain je rapporte le tout fini et bien fini à l'imprimerie, rue du Montparnasse; je veux rester classée parmi les bonnes ouvrières, celles sur lesquelles on peut compter, et à qui l'on donne toujours de l'ouvrage, même quand *ça ne va pas fort.* » Tous les soirs, la vaillante petite femme gagne 1 franc, 1 franc 50, ce qui ne l'empêche pas le jour de faire tout son ménage, cuisine (elle n'est pas considérable), blanchissage, raccommodage, etc. Pendant que nous causions, les enfants s'étaient tapis dans leur couchette, et dormaient paisiblement, rêvant peut-être aux jouets des enfants « fortunés » du voisinage, ceux des boutiquiers de l'avenue du Maine, Champs-Élysées de ce quartier!

Et moi je pensais, tout en prenant des notes sur ce qui m'était dit, qu'il y a vraiment dans les recoins de Paris de pauvres ouvriers bien modestes, bien ignorés, qui n'en sont pas moins des héros du travail et de la patience, qui ne cherchent même pas dans les pages, là sous leurs mains, la définition des grands mots : prolétariat, révolution sociale, etc., pensant que le vrai remède à toutes leurs misères est encore le courage et la patience.

Et maintenant, rentré à la maison, assis à

ma table de travail, quand je vois avec un effroi instinctif les paperasses s'entasser autour de moi, les affaires ennuyeuses, prosaïques, surgir de partout, qu'il me semble que jamais l'ancre de ma petite pendule ne ralentira ses oscillations assez pour me permettre d'achever à temps toutes les affaires qui doivent être expédiées, je reprends courage, en pensant à cet autre aveugle.... impasse de la Tour-de-Vanves. Il écoute aussi en besognant le tic-tac de son vieux coucou, et voyant que le va-et-vient de ce fidèle compagnon est inflexible et ne se ralentit pas, il presse celui de sa navette, car il faut demain, à 7 heures, se trouver à l'atelier pour gagner les 2 francs ou 2 fr. 50 dont vit la famille. Ce soir il ne s'arrêtera pas avant d'avoir terminé le rang de mailles qui représente la 365e partie du loyer des deux pauvres chambrettes où l'on couche, mange et travaille, où il n'est pas permis d'être malade, où une heure de défaillance cause un trouble grave dans le budget!...

Plus riant est parfois l'intérieur de l'aveugle musicien; la maison dont il est l'unique locataire est gentille; la porte avec boîte aux lettres, poignée et bouton de sonnette astiqués, donne sur une des meilleures rues de l'endroit, *l'ave-*

nue de la gare... Elle est bien en vue, d'un accès facile. Entrons-y : au rez-de-chaussée, cuisine, salle à manger, salon ; au fond du couloir, par la porte vitrée, on peut voir le jet d'eau obligé s'élevant bien à 50 centimètres de la cuvette nommée bassin, laquelle cuvette est au milieu d'une cour ombragée par deux arbres, égayée par quelques fleurs; cela s'appelle jardin ; c'est un peu humide, resserré, mais enfin c'est un jardin... Au premier étage, trois chambres au moins; au second, grenier, débarras; on peut vivre dans cette maison. Allons nous asseoir un instant au salon : c'est la pièce de résistance. Le maître de céans nous introduit lui-même; c'est bien meublé, chaises et fauteuils en velours d'Utrecht, guéridon avec tapis agrémenté de passementerie (goût province), pendule de cheminée avec motif de faux bronze doré représentant on ne sait trop pourquoi les attributs de la vie pastorale : houlette avec carquois, moutons, brebis et une bergère qui certainement attend son berger. Une tête d'Homère, de Beethoven ou même de Wagner, une lyre ou une harpe serait plus à propos, mais sans doute ces sujets sont choisis par les avocats ou les médecins. A défaut de harpe, il y a un respectable piano ; le clavier est ouvert, la table d'inscription porte le nom de Montal (le plus fameux des facteurs de pianos aveugles); le dessus est chargé de cahiers écrits en Braille (probablement de la musique), au milieu desquels se prélasse la noire boîte à violon. D'ailleurs tout est propre, bien rangé, avec un grain de coquetterie : une femme doit avoir passé par là... En effet notre musicien est en pleine lune de miel; voici son histoire en deux mots; c'est celle de beaucoup de ses confrères.

Il a quelques années de moins que notre brossier de l'impasse de la Tour-de-Vanves; cependant il a été son condisciple. Avant d'entrer à l'Institution de Paris où tous les deux ont été élevés, il n'était pas plus riche que son camarade : parents honnêtes, mais pauvres, bonne santé, intelligence suffisante, instincts laborieux... Mais bien vite on a reconnu chez lui des aptitudes musicales assez marquées. Ses études ont été bonnes, et, sans devenir un musicien hors ligne, il a quitté l'école bon pianiste, sérieux harmoniste et contrepointiste, aimable compositeur, organiste agréable et excellent accordeur.

La Société de patronage, qui prend soin de trouver un emploi aux jeunes gens et aux jeunes filles sortant de la maison d'Haüy, a envoyé notre hôte — il avait alors vingt ans — dans cette petite ville. On y demandait un organiste et un professeur de musique, et les environs étaient dépourvus d'accordeur de pianos (je ne parle pas des tourneurs de chevilles, qui se disent accordeurs; ceux-là foisonnent partout). Dans les premiers temps, la Société bienfaisante dut aider quelque peu son pupille, qui n'habitait alors qu'une chambre garnie et prenait pension dans une respectable famille. Mais tout n'était pas acquis parce que notre ami était organiste de S...; tout restait à faire; car si le curé, homme d'esprit et de cœur, avait *osé* offrir et sut faire accepter à son conseil de fabrique un organiste aveugle, il ne voulait ni ne pouvait imposer à tous son protégé pour professeur et pour accordeur. Un traitement d'organiste n'est pas un traitement de ministre; cependant il faut vivre. « Faites-vous connaître, mon cher; faites-vous apprécier, » tel était le langage du curé et de quelques amis. Pour se faire connaître, il fallait entreprendre des tournées d'accordeur dont les frais égalaient parfois les recettes, puis organiser des concerts avec les amateurs du cru, concerts qu'il est d'usage de donner au profit des « pauvres », alors que soi-même on n'est pas riche..... Mais, après avoir bien semé, il est rare que la récolte ne vienne pas, et en effet elle est venue; elle est même abondante : les tournées de l'accordeur sont maintenant fructueuses, et leur rayon s'est considérablement étendu. Après un des fameux concerts, la fille du sous-préfet, qui avait entendu le maëstro aveugle exécuter avec brio la fantaisie de Prudent sur le *Miserere* du *Trouvère*, a dit qu'elle voulait arriver à toucher du piano comme ce Monsieur aveugle, qui d'ailleurs jouait si bien tous les dimanches à la grand'-messe. La mère, le père ont quelque temps résisté. « C'est impossible... un aveugle ne peut être bon professeur ! » Et puis : « Comment quitter Mme X...? Elle n'est pas habile, c'est vrai; elle ne te fait faire aucun progrès... mais c'est une si bonne personne ! » Enfin, le père s'est décidé. Tout a marché à souhait; la jeune fille a fait de vrais progrès; elle ne pourra probablement jamais jouer la fameuse fantaisie de Prudent, mais elle fit les délices des soirées de l'hiver suivant avec les *Variations* de Leybach, toujours sur le *Trouvère*. Enhardie par ce haut exemple, la fille d'un juge est venue, puis celle de l'avoué, du percepteur, du receveur de l'enregistrement; les financiers après les légistes; quelques négociants et industriels bien posés ont fait comme les fonctionnaires, et confié leurs enfants à l'organiste, dont les recettes mensuelles devinrent fort acceptables.

Une chambre plus vaste et plus confortable remplaça celle des débuts, un salon fut nécessaire, puis vint le *chez soi*, la petite maison de l'avenue de la Gare. Enfin, et c'est par là que tout finit quand tout finit bien, une jeune fille des environs, sans fortune, il est vrai, lui sembla devoir faire son bonheur, le mariage eut lieu et l'on attend des héritiers.

Il ne faut pas se le dissimuler; quand deux ou trois bambins empliront ce joli petit intérieur, il y aura moins d'ordre, moins de propreté et aussi, hélas! moins d'aisance; les enfants sont une lourde charge et tout est compensé. L'organiste de S...... sait tout cela, mais il a, nous dit-il, pour lui donner courage « l'exemple de confrères ses aînés, une bonne clientèle qui se développe chaque jour, et par-dessus tout la foi en la Providence ».

Nous avons vu les aveugles chez eux afin de mieux connaître leur vie: n'est-ce pas Jefferson qui disait que, pour faire de bonnes observations sociales, « il faut, comme je l'ai fait, aller dénicher les habitants dans leurs chaumières, regarder dans leur pot-au-feu, manger leur pain, se coucher sur leurs lits sous prétexte de se reposer, mais dans le fait pour s'assurer qu'ils sont assez doux. Vous éprouverez dans ces recherches des jouissances d'un ordre élevé, et vous goûterez un plaisir plus sublime encore, quand votre connaissance de leurs besoins vous fournira les moyens de leur rendre leur coucher meilleur, ou de placer un morceau de viande dans la chaudière où cuisent les végétaux dont ils se nourrissent [1]. »

Si les visites domiciliaires prenaient moins de temps, nous aurions eu plaisir à voir chez elles les ouvrières et les musiciennes aveugles. Les unes, comme les autres, restent presque toujours célibataires; les jeunes filles aveugles qui se marient sont de très rares exceptions.

La mission de la ménagère, de la mère de famille telle que nous la comprenons en Europe, peut difficilement être remplie par une aveugle.

Pour l'ouvrière, la vie est rude, trop rude même, si elle n'est pas dans sa famille ou dans un ouvroir *ad hoc* comprenant un internat.

1. Lettre de Th. Jefferson à La Fayette pendant son voyage de Provence, 11 avril 1787. — L. Conseil, *Mélanges sur Thomas Jefferson*, Paris, 1833, t. Ier, p. 295.

Dans son beau livre sur *la Misère à Paris* [1], M. d'Haussonville nous montrait ce que l'ouvrière clairvoyante peut gagner dans sa journée, et il en résultait qu'il lui est presque impossible de vivre si elle n'a pour cela que son travail manuel. Celui qui, en général, est à la portée de l'aveugle est moitié moins rémunérateur.

Il est beaucoup plus facile aux musiciennes d'arriver par leur seul travail à se faire une existence très acceptable. On ne se figure pas la quantité de pensionnats de jeunes filles, d'orphelinats, d'asiles, d'hospices, de maisons de retraite qui, pour organistes, professeurs de piano ou de chant, prennent des musiciennes aveugles. Elles ont leur petite chambre, leur piano, leur bibliothèque, leur travail manuel; la journée est d'ailleurs bien remplie; elles ne sont à la charge de personne; souvent même, avec leurs petites économies, elles peuvent aider un vieux père, contribuer à l'éducation de jeunes frères ou mettre quelque chose de côté pour l'âge de la retraite. Leur vie s'effeuille ainsi abritée contre les fortes rafales; ni grandes joies, ni grandes tristesses. N'est-ce pas une façon d'être heureux qui en vaut bien une autre!

1. *Misère et remèdes*, par M. le comte d'Haussonville de l'Académie française, Paris, Calmann-Lévy.

CONCLUSION

L'AVEUGLE DEMAIN

Voilà ce que sont les aveugles après l'école, lorsque, avant, leurs facultés physiques et intellectuelles étaient suffisantes, lorsque, après, ils ont trouvé du travail. Vous semble-t-il qu'en les instruisant, le temps et l'argent aient été perdus? Résultat merveilleux! vous écrierez-vous; mais irez-vous plus loin? Chercherez-vous à être utile aux aveugles instruits? Voilà ce que je ne sais, et voilà cependant ce que j'aurais voulu obtenir, afin de ne vous avoir pas fatigués en pure perte.

Tout n'est pas fait pour les aveugles, loin de là : grande est encore la tâche pour nous, spécialistes, pour les pouvoirs publics, enfin et surtout pour les particuliers. Tous les perfectionnements dont les méthodes spéciales sont susceptibles doivent nous préoccuper et nous préoccupent en effet; tous les aveugles ne reçoivent pas encore l'instruction; il faudrait augmenter le nombre et l'importance des écoles, avoir des ateliers pour les ouvriers; cela nous regarde encore; mais les communes, les départements, l'État peuvent singulièrement faciliter notre œuvre. Enfin, il faut le reconnaître, et c'est en cela que consiste ma thèse, à leur sortie de l'école, les aveugles instruits ne trouvent pas assez à exercer leur profession dans des conditions lucratives. En cela, le public tout entier peut beaucoup; bien mieux, il peut tout, et sans qu'il lui en coûte rien.

Comment donc? Le voici : vous avez un piano, n'est-ce pas? Faites-le accorder par un accordeur aveugle. Vos enfants ou ceux de vos parents, de vos amis, qui sait? de votre concierge, pianotent: pensez que les aveugles peuvent être d'excellents maîtres.

Vos parquets, vos habits, vos chaussures, les harnais de vos chevaux usent chaque année des balais, des brosses. La fabrication de ces engins est un gagne-pain excellent pour les ouvriers aveugles. Fournissez-vous donc dans leurs magasins spéciaux [1]. Tous les genres d'ou-

1. On peut acheter des objets manufacturés par les aveugles, à Paris, 9, rue Duroc; 11, rue du Moulin-Vert;

vrages en laine, en soie, faits au crochet et au tricot sont exécutés dans la perfection par des ouvrières aveugles qui ne demandent que du travail, toujours du travail. Auriez-vous enfin quelque influence dans une maison d'éducation, protégeriez-vous un orphelinat, un hospice quelconque? Seriez-vous marguillier de votre paroisse? Pensez-y. D'un seul coup vous pouvez assurer l'avenir d'un musicien ou d'une musicienne. Obtenez qu'à la première vacance on s'adresse à vous pour avoir un professeur ou un organiste aveugle [1].

Instruire l'aveugle ignorant, patronner l'aveugle instruit, est un devoir social; si vous ne l'admettez pas, dites-moi, je vous prie, ce que vous comptez faire des aveugles, car en définitive on ne saurait les supprimer. Je ne vois que

88, rue Denfert-Rochereau; à Argenteuil, 78, rue de Saint-Germain; à Saint-Mandé, 7, rue Mongenot; à Lyon, 34, place Bellecour; à Marseille, 2, chemin de la Corniche; à Saintes, 9, rue des Ballets; et en général dans tous les établissements d'aveugles dont la liste a été donnée, p. 119.

1. Il suffit de s'adresser à l'Association Valentin Haüy 9, rue Duroc, Paris, pour se procurer des accordeurs de pianos, des organistes et des professeurs de musique. En quatre ans, l[illegible] premier Prix d'orgue du Conservatoire a [illegible] remporté par des aveugles. L'Association Valentin Haüy peut aussi procurer l'adresse d'excellents masseurs : depuis quelques années, un certain nombre d'aveugles ont embrassé cette profession et y réussissent très bien, étant préparés par de sérieuses études théoriques et pratiques.

deux alternatives, choisissez : dispenser l'aveugle de tout travail, ou le condamner au travail mécanique à perpétuité. Dans le premier cas, il faut lui assurer une pension mettant à l'abri lui et les siens, car on ne saurait lui dénier le droit d'avoir une famille; c'est le condamner à une oisiveté déplorable, c'est le démoraliser, c'est enfreindre la grande loi du travail. Dans le second cas, c'est le réduire à tourner comme un chien une meule de coutelier, à actionner le soufflet de forge d'un cloutier de faubourg; c'est en faire une brute. Oh! ce travail pourrait devenir moralisateur sans doute, mais pour un saint; le philosophe y résisterait-il? Le malheureux qui, lui, n'est ni un saint, ni un philosophe, va au cabaret chercher force et oubli. Ce qu'il devient, je le sais et je vous le ferai voir quand vous le désirerez.

Mais personne ne veut cela. Pour le vouloir, il faudrait douter si l'aveugle a une âme. Il faudrait n'avoir jamais rencontré un de ces aveugles qui mendient, mais que la mendicité n'a pas dégradé parce qu'elle est subie, non voulue. Il semble dire au passant qui pense : « Je demande plutôt votre aide morale que votre aumône. Je donnerais dix ans de vie pour que vous m'appreniez à gagner mon pain. » Valentin

Haüy, il y a cent ans, rencontra un de ces aveugles et il comprit.

Il comprit qu'il est beau pour l'homme de replacer un être dans sa sphère, de rétablir une harmonie dans le monde, de rendre sonore une harpe brisée. Comme lui, ne voudrez-vous pas rendre l'espérance à l'homme, la vie active à l'aveugle?

APPENDICE

L'Association Valentin Haüy pour le Bien des aveugles, fondée en 1889, a pour but d'étudier, d'appliquer et de propager tout ce qui peut concourir à l'instruction, au soulagement, en un mot, au bien moral et matériel des aveugles. Pour atteindre ce but, elle cherche à agir, en leur faveur, sur l'opinion publique, à unir, à seconder les personnes et les œuvres qui s'occupent d'eux. Ils sont 30 000 en France et, contrairement à l'opinion admise, l'État ne reçoit dans ses établissements que quelques centaines d'aveugles et n'accorde aux autres que de modiques pensions. Embrassant toute la question des aveugles, l'Association Valentin Haüy est, entre les groupes et les œuvres locales qui font un bien réel aux catégories dont elles s'occupent mais restreignent leur action à ces catégories, le lien vivant, le fil de transmission ayant pour nœud l'initiative privée et permettant un constant échange des idées, des efforts de tous au profit de tous. C'est auprès d'elle que les personnes charitables qui s'intéressent à un aveugle peuvent trouver les renseignements et la direction que sollicite leur bonne volonté; c'est elle qui prend en main les intérêts de l'aveugle isolé et l'initiative d'améliorations souvent pressantes mais ne correspondant pas au but particulier de telle œuvre, de tel établissement.

Depuis 1907, l'Association est installée, 9, rue Duroc, Paris. Dans cette maison des aveugles, unique en son genre, ses œuvres multiples ont pu être réunies : secrétariat avec dossiers, répertoires, renseignements de tous genres concernant la cécité — rédaction des périodiques — bibliothèque Braille[1] — bibliothèque et musée Valentin Haüy — dépôts d'objets à vendre manufacturés par les aveugles — dépôt de vieux papiers — ateliers — vestiaire — garde-meubles — ouvroir — caisse des loyers — consultations juridiques et médicales gratuites — réunions du dimanche, etc.

L'Association Valentin Haüy évite autant que possible les frais généraux qui, trop souvent, dans les œuvres, profitent plus aux employés qu'aux assistés ; dans cet esprit, elle confie le plus possible les travaux rémunérés du secrétariat à des aveugles ou parents d'aveugles. La « maison des aveugles » est ouverte tous les jours, dimanches et fêtes exceptés, de 10 heures à midi et de 2 à 5 heures ; elle est particulièrement intéressante à visiter le mercredi, jour où la plupart des services fonctionnent simultanément.

On y trouve l'indication de tous les établissements d'éducation, d'apprentissage ou d'assistance consacrés aux aveugles, et l'adresse d'ouvriers, d'accordeurs, de professeurs et d'organistes très capables, établis à Paris, dans les départements ou à l'étranger, avec celle des magasins et dépôts d'objets manufacturés par les aveugles.

La cotisation est de *un franc par an*. Un versement unique de 25 francs dispense de cette cotisation et

1. Voir la note p. 35.

confère le titre de *Membre perpétuel*. Tout don, quel qu'il soit, est reçu avec reconnaissance. On peut désigner celle des œuvres de l'Association à laquelle on désire que le don soit affecté. Les noms des *Membres perpétuels*, des *Donateurs* (au-dessus de 25 francs), des *Bienfaiteurs* (au moins 500 francs) sont inscrits au rapport annuel avec le chiffre de leurs dons.

Les cotisations peuvent être adressées au trésorier, 9, rue Duroc. Il en sera accusé réception par l'envoi du bulletin d'associé.

Étant *reconnue d'utilité publique*, l'Association Valentin Haüy est apte à recevoir des legs.

Le rapport du dernier exercice est envoyé à toutes les personnes qui en font la demande.

TABLE DES MATIÈRES

PREMIÈRE PARTIE

PSYCHOLOGIE DE L'AVEUGLE

DEUXIÈME PARTIE

VALENTIN HAÜY ET SON ŒUVRE

TROISIÈME PARTIE

LES ÉCOLES D'AVEUGLES

QUATRIÈME PARTIE

LES AVEUGLES DANS LA SOCIÉTÉ

761-12. — Coulommiers. Imp. PAUL BRODARD. — P7-12.

Documents manquants (pages, cahiers...)

NF Z 43-120-13

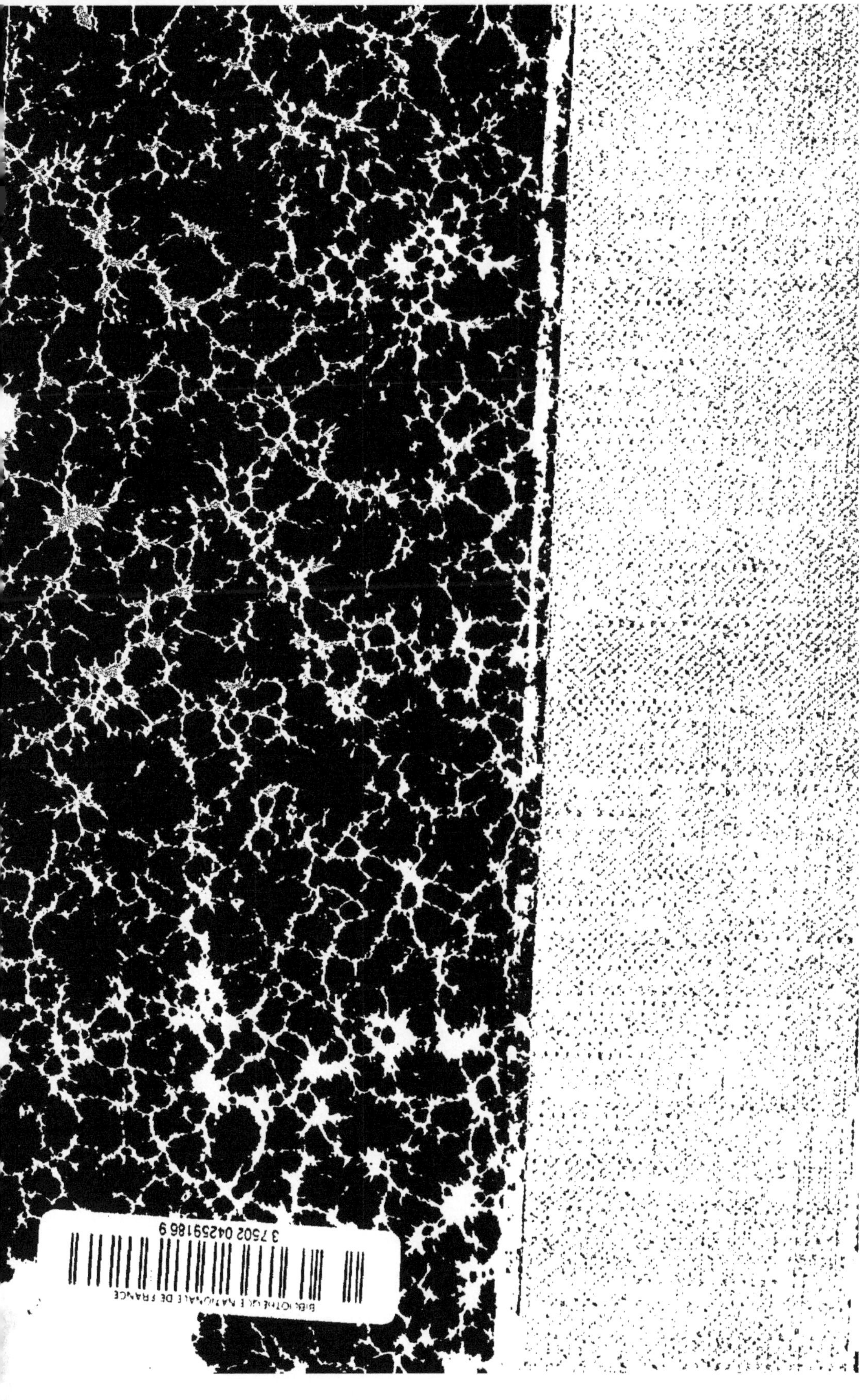

www.ingramcontent.com/pod-product-compliance
Ingram Content Group UK Ltd.
Pitfield, Milton Keynes, MK11 3LW, UK
UKHW022052190726
13855UKWH00002B/479

9 782013 354967